GRIGNION
VERLAG

Bischof Hubert Bucher, The Living Rosary
Übersetzt von Andrea Borneis & Doris Legat

First published under the title „The Living Rosary" ISBN 9966-08-812-1
Paulines Publications Africa, Copyrights © St Paul Communications/
Daughters of St Paul, P.O.Box 49026, 00100 GPO Nairobi, Kenya.
Second edition.

Wir bedanken uns bei der Herbronnen-Stiftung für die kostenfreie
Nutzung der Rosenkranzbilder.
Weiter Informationen zur Stiftung unter www.bradi-barth.org

Impressum

Satz und Umschlaggestaltung: Renate Gindert
Druck und Bindung: Friedrich Pustet, Regensburg
Autorenbild und Bild Seite 47: privat
Printed in Germany 2016, ISBN 978-3-932085-99-4
Weitere Informationen zu unserem Programm: www.grignion-verlag.de

Bischof Hubert Bucher

DER LEBENDIGE ROSENKRANZ

Ein Gebets-Sturm, den unsere Welt nötig hat!

Meiner Mutter Franziska, geb. Behringer, gewidmet.
Ihre Liebe zur Muttergottes ist mir Vorbild.
Bis in ihr hohes Alter war sie aktives Mitglied
einer Lebendigen Rosenkranz-Gruppe

Geleitwort zur deutschen Ausgabe

Bischof Rudolf Voderholzer

„Es ist unsere Pflicht, für die unvergleichlichen Reichtümer, die Gott uns mit der Gabe des Glaubens (fidei donum) in die Herzen legt, ihrem göttlichen Urheber unaufhörlich Dank zu sagen. Denn der Glaube ist es, der uns in die Geheimnisse des göttlichen Lebens einführt; er schenkt uns die Hoffnung auf die himmlische Seligkeit; er festigt schon in diesem Leben die Einheit der christlichen Gemeinschaft, nach dem Apostelwort: ‚Ein Herr, ein Glaube, eine Taufe' (Eph 4,5)." So lautet der Beginn der Missions-Enzyklika „Fidei donum" von Papst Pius XII. vom 21. April 1957, in der er die Ortskirchen auf dem ganzen Erdenrund an ihre weltkirchliche Verantwortung erinnert und die Bischöfe dringend bittet, Priester für den Dienst in der Mission, vor allem für die jungen Kirchen Afrikas, freizustellen.

Auch im Bistum Regensburg ließ sich eine ganze Reihe von jungen Priestern von den Worten des Papstes anrühren und stellte sich großherzig für die Mission zur Verfügung. Unter ihnen war der aus Regensburg St. Wolfgang stammende Hubert Bucher (geb. 1931). Am Hochfest Peter und Paul 1957 im Regensburger Dom von Erzbischof Michael Buchberger zum Priester geweiht, wurde er bereits ein Jahr später für den Missionsdienst in Südafrika freigestellt. Dort entfaltete er ein außerordentlich segensreiches Wirken in der von ihm aufgebauten Pfarrei Dordrecht und darauf folgend als Nationalkaplan der Chiro-Jugendbewegung. In zwei ausführlichen Studienaufenthalten an der Päpstlichen Universität Gregoriana in Rom (1968-70) und an der University von Oxford (1970/71 und 1975/76) durfte er die Missionspastoral vertieft reflektieren. 1977 wurde Hubert Bucher in Bethlehem (Südafrika) zum Bischof geweiht. Er stand der Diözese Bethlehem 32 Jahre bis zu seiner Emeritierung 2009 vor. Seither lebt er in einer Wohngemeinschaft mit seinen Freunden und ehemaligen Bischofskollegen Oswald Hirmer (gest. 2011) und Fritz Lobinger – auch sie einst Fidei-donum-Priester aus Regensburg – in Mariannhill nahe Durban. Dort durfte ich ihn während meines Südafrika-Besuches im Februar 2015 besuchen, nachdem wir uns schon zuvor im Juni 2014 in Regensburg anlässlich eines Heimatbesuches erstmals begegnet waren.

Seither habe ich Hubert Bucher als einen geistlichen Menschen kennen und schätzen gelernt, der aus einem tiefen Glauben heraus und erfüllt von herzlicher Liebe zu den Menschen seine Sendung als Hirte, Lehrer und Priester auch über seinen Ruhestand hinaus lebt. Eine

Frucht seines bischöflichen Wirkens sind die Rosenkranzbetrachtungen „The Living Rosary", die 2014 in erster Auflage bei Paulines Publications Africa in Nairobi/Kenya erschienen sind. Sie zeigen Bischof Bucher als einen sowohl geistlich erfahrenen wie theologisch reflektierten Anleiter zum christlichem Beten. Das Rosenkranzgebet führt uns zur Mitte unseres Glaubens: die Betrachtung der Heilsgeheimnisse in Leben, Wirken, Sterben und Auferstehen Jesu Christi bis hin zur Aufnahme und Krönung seiner Mutter Maria. Ich bin froh und dankbar, dass es die Rosenkranzbetrachtungen von Bischof Bucher jetzt auch in einer deutschen Ausgabe gibt. Die Texte sind eine Hilfe, die Geheimnisse des göttlichen Lebens tiefer zu erfassen und dankbar anzunehmen. Bischof Bucher hat nicht nur vielen Menschen das Geschenk des Glaubens erschlossen. Er ist als guter Hirte selbst ein Geschenk für den Glauben. Möge sein Buch viele aufmerksame Leser finden, erfahrene Rosenkranzbeter stärken und vor allem junge Menschen neu für das Rosenkranzgebet begeistern.

Regensburg am Fest Peter und Paul, 29. Juni 2016

Vorwort

Francis Kardinal Arinze

Nimm, lies, betrachte, bete!

In seinem Apostolischen Schreiben „Rosarium Virginis Mariae“ (RVM), veröffentlicht am 16. Oktober 2002, betonte der inzwischen heiliggesprochene Papst Johannes Paul II. den christozentrischen Charakter des Rosenkranzes der allerseligsten Jungfrau Maria. Er ermunterte die Menschen: „Entdeckt den Rosenkranz wieder im Licht der Heiligen Schrift, in Einklang mit der Feier der Liturgie und unter den Umständen des alltäglichen Lebens.“ (RVM 43) Der große Papst schrieb: „Der Rosenkranz ist mein Lieblingsgebet. Er ist ein wunderbares Gebet, wunderbar in seiner Schlichtheit und seiner Tiefe. ... In der Tat ziehen vor dem Hintergrund der Worte des Ave Maria vor den Augen der Seele die wichtigsten Ereignisse des Lebens Jesu vorbei. ... Gleichzeitig kann unser Herz in die Abfolge dieser Geheimnisse des Rosenkranzes alle Ereignisse einschließen, die das Leben des Einzelnen, der Familie, der Nation, der Kirche und der Menschheit ausmachen“ (RVM 2).

In dem hier vorliegenden, sehr empfehlenswerten Buch „Der Lebendige Rosenkranz“ bezeugt Bischof Hubert Bucher seine hohe Wertschätzung dieses großartigen Gebetes und empfiehlt einen sehr praktischen Weg, um eine ununterbrochene Kette von Rosenkranzgesätzen zu bilden und weiterzuknüpfen. Er erklärt klar verständlich, wie man den Rosenkranz betet, und wählt sehr passende Evangelientexte für die betende Betrachtung jedes Gesätzes dieses wunderbaren Gebetes aus, bei denen Jesus in 18 der 20 Geheimnisse im Mittelpunkt steht. Die Bilder, die den Text begleiten, machen das Lesen leichter und attraktiver.

Der Autor beklagt zu Recht die weit verbreitete Unkenntnis und fehlende Wertschätzung des Rosenkranzes unter Katholiken. Er ruft dazu auf, die Gläubigen zu überzeugen, dass sie den Rosenkranz gemeinsam in der Kirche beten, und führt aus, dies könne dazu beitragen, dass die Kirchen während des Tages länger geöffnet bleiben, als dies oft der Fall sei.

Bischof Bucher ist in seinen Vorschlägen sehr praktisch. Er rät, nicht hastig zu beten und sich nicht durch Zerstreuungen entmutigen zu lassen, sondern diese als Inhalte für das Gebet zu nutzen. Er empfiehlt die schöne Tradition, die in Ländern wie Deutschland gepflegt wird, das Rosenkranzgeheimnis, das man gerade betrachtet, mitten in das Ave Maria einzufügen und dort zu nennen. Seine Hinweise, wie man den Lebendigen Rosenkranz organisieren und lebendig halten kann, sind ausgezeichnet und ohne Zweifel Vorschläge von jemandem, der bereits Erfahrungen von erfolgreicher Praxis hat.

Sie halten ein Buch in Händen, geschrieben von einem Bischof, der offensichtlich in den Rosenkranz verliebt ist und Vorschläge unterbreitet, wie eine Kette mystischer Rosen zu Ehren der Gottesmutter mit Leben erfüllt werden kann. Die vorgelegten Betrachtungen sind dazu bestens geeignet, weil sie auf dem soliden Fundament der Heiligen Schrift gründen.

Ich empfehle das Buch „Der Lebendige Rosenkranz" wärmstens und beglückwünsche Bischof Hubert Bucher zu seiner Arbeit. Liebe Leserin, lieber Leser, nimm, lies, betrachte und bete!

+ Francis Kardinal Arinze, Rom/Vatikanstadt
Ehemaliger Präfekt der Kongregation
für den Gottesdienst und
die Sakramentenordnung (2002 – 2008)

Einleitung

Der Lebendige Rosenkranz – was ist das?

Nun, vielleicht beginne ich am besten damit, sicherzustellen, dass Du, liebe Leserin, lieber Leser, wirklich vertraut damit bist, was ein Rosenkranz ist. In manchen Ländern tragen viele Leute einen Rosenkranz um den Hals oder haben ihn am Rückspiegel ihrer Autos hängen. Sie sind sich nicht bewusst, dass Rosenkränze weder Schmuckstücke noch magische Schutzmittel sind, sondern dass sie schon seit langer Zeit und bis heute als kostbares Hilfsmittel für ein besonderes Gebet in der katholischen Kirche gebraucht werden.

Falls Dir das bewusst ist und wenn Du bereits oft den Rosenkranz bei Deinen Gebeten zur Hand nimmst, kannst Du den folgenden Abschnitt überspringen und direkt zu dem Abschnitt mit der Überschrift „2. Der Lebendige Rosenkranz“ auf Seite 46 gehen. Du solltest Dich jedoch vielleicht zuvor vergewissern, dass Dir wirklich klar ist, wie man den Rosenkranz richtig und gut betet. Ich bin oft erstaunt, wenn ich entdecke, dass viele Katholiken denken, sie wüssten es, die Wirklichkeit aber ganz anders aussieht.

1 | Wie man den Rosenkranz betet

Katholiken kennen und benutzen schon fast 800 Jahre lang den Rosenkranz bei ihrem Gebet. Von Anfang an wurde er eifrig vom Orden der Predigerbrüder gefördert, der im Volk als Dominikanerorden bekannt ist, weil er vom heiligen Dominikus Guzman im frühen 13. Jahrhundert in Spanien gegründet wurde. Seit 1572 feiert die Kirche jedes Jahr am 7. Oktober das Fest „Unsere Liebe Frau vom Rosenkranz“. Es wurde von Papst Pius V. zum Dank für die Abwendung einer gefährlichen Bedrohung der Christenheit in Europa eingeführt, die der Fürsprache der Muttergottes zugeschrieben wurde.

Wie dieses Fest aufzeigt, ehrt das Rosenkranzgebet die allerseligste Jungfrau Maria, die Mutter Jesu, in ihrer Rolle als mächtige Fürsprecherin für uns bei ihrem Sohn und durch ihn bei Gott, unserem Vater. Wir rufen sie an, wir beten sie nicht an, wie unwissende Menschen uns zuweilen vorhalten. Wir ehren Maria, indem wir den Rosenkranz beten, aber im Verlauf dieses Gebetes betrachten wir die wichtigsten Wahrheiten über unseren Herrn und Erlöser Jesus Christus, die im „apostolischen“ Glaubensbekenntnis zusammengefasst sind. Deshalb sollten wir das Rosenkranzgebet immer mit dem Glaubensbekenntnis beginnen, wobei wir das Kreuz des Rosenkranzes in die Hand nehmen. Schaue beim Weiterlesen bitte auch auf die Abbildung eines Rosenkranzes auf der Rückseite des vorderen Buchdeckels. Dies wird Dir helfen, Dir schneller einzuprägen, wie man den Rosenkranz betet.

Nach dem Glaubensbekenntnis ergreifen wir die erste große Perle an dem kurzen Stück der Rosenkranzkette oberhalb des Kreuzes und beten: „Ehre sei dem Vater und dem Sohn und dem Heiligen Geist – wie im Anfang, so auch jetzt und alle Zeit und in Ewigkeit. Amen." Das erinnert uns daran, dass alle unsere Gebete in erster Linie an Gott gerichtet sind, um ihm Preis und Dank dafür darzubringen, wer und wie er ist: ein Gott in drei Personen – unser liebender Vater, der uns seinen Sohn Jesus als unseren Erlöser sandte – und der Heilige Geist, der uns auf unserer Lebensreise führt, damit wir das Haus des Vaters im Himmel erreichen. Danach beten wir ein Vaterunser.

Nun folgen drei kleinere Perlen, die uns an die drei wichtigsten göttlichen Tugenden erinnern, nach denen jeder Christ streben soll. Wir ergreifen die erste Perle und beten das „Gegrüßet seist du, Maria" mit der Einfügung „Jesus, der in uns den Glauben vermehre". Wir beten ehrfürchtig und wünschen uns dabei, dass wir in unserem Glauben wachsen. Bei den folgenden zwei kleinen Perlen beten wir ebenfalls das Ave Maria, zunächst mit dem Zusatz „Jesus, der in uns die Hoffnung stärke“, dann mit der Ergänzung „Jesus, der in uns die Liebe entzünde“. Wir bitten also darum, dass es uns nie an Hoffnung auf ihn fehle und dass wir wahrhaft liebende Menschen werden. Danach beten wir noch einmal ein Ehre sei dem Vater.

Nun beginnt das eigentliche Rosenkranzgebet. Es besteht aus fünf Perlenreihen mit jeweils einer großen und zehn kleinen Perlen. Diese fünf Reihen werden üblicherweise durch eine Medaille zusammengehalten, bei der auf einer Seite die Muttergottes abgebildet ist. Dies hilft uns zu verstehen, woher der Name „Rosenkranz“ kommt. Vielerorts tragen Frauen auch heute noch Blumenkränze auf dem Kopf, vor allem bei Festen und besonderen Anlässen. Deshalb überrascht es nicht, dass oft auch Statuen der seligsten Jungfrau Maria in unseren Kirchen oder an Marienwallfahrtsorten mit einer Krone geschmückt sind. Die Frömmigkeit weckte jedoch in Katholiken den Wunsch, mehr zu tun, als die Gottesmutter mit einer leblosen Krone auf dem Kopf einer Statue zu ehren. Sie wollten ihr einen Kranz aus Gebeten winden, und da Rosen vielen Menschen als die schönsten aller Blumen gelten, nannten sie dieses Gebet „Rosenkranz“. Wenn wir also den Rosenkranz beten, wollen wir uns gelegentlich daran erinnern, dass wir damit der allerseligsten Jungfrau Maria eine sehr kostbare Krone darbringen. Wenn wir einen ganzen Rosenkranz beten, wiederholen wir mehr als fünfzig Mal den Gruß, den Gott durch die Worte des Engels Gabriel an Maria richtete: „Gegrüßet seist du, Maria, voll der Gnade!" Wie wird sie sich darüber freuen, und wie wird dies ihren liebenden Blick auf uns lenken, wenn wir sie anrufen: „Bitte für uns Sünder jetzt und in der Stunde unseres Todes!"

Die zehn Ave Maria, die wir beten, während wir zehn Perlen durch die Finger gleiten lassen, helfen uns, zusammen mit der Mutter Jesu in tiefer innerer Freude und Dankbarkeit jeweils eine Tatsache oder Wahrheit aus dem Leben unseres Herrn Jesus Christus und über unseren Glauben in den Blick zu nehmen. Wir sprechen dabei von einem „Geheimnis", weil es eine weit größere Bedeutung für unser Leben enthält, als wir auf den ersten Blick sehen können. Deshalb sollten wir uns, während wir andächtig die zehn Ave Maria beten, in das jeweilige Geheimnis vertiefen oder – wie einige es ausdrücken würden – es betrachten, das heißt, „wir kommen dabei aus dem Staunen darüber nicht heraus". Dies wird verhindern, dass wir die Ave Maria nur mechanisch wiederholen und die ganze Übung recht langweilig finden. Während wir die große Perle am Beginn jeder Zehnerreihe ergreifen, nennen wir zuerst das Geheimnis, das betrachtet werden soll, z. B. „Die Aufnahme Mariens in den Himmel". Dann beten wir einmal das Vaterunser, dieses schöne Gebet, das der Herr selbst seine Jünger lehrte. Darauf folgt sofort das erste der zehn Ave Maria.

Die Geheimnisse sind in vier Gruppen eingeteilt, von denen jede einen bestimmten Namen hat, weil sie einen besonderen Abschnitt des Lebens unseres Herrn umfasst. Jede Gruppe besteht aus fünf Geheimnissen, die wir so bald wie möglich auswendig lernen sollten:

Die freudenreichen Rosenkranzgeheimnisse:

1. *Jesus, den du, o Jungfrau, vom Heiligen Geist empfangen hast*
   [Verkündigung]
   Gott erwählt die allerseligste Jungfrau Maria als Mutter des Erlösers der Menschheit. (vgl. Lk 1,26-38)

2. *Jesus, den du, o Jungfrau, zu Elisabeth getragen hast*
   [Besuch Marias bei Elisabeth]
   Maria hilft ihrer Cousine Elisabeth, die die Geburt Johannes des Täufers erwartet. (vgl. Lk 1,39-56)

3. *Jesus, den du, o Jungfrau, geboren hast*
   [Geburt Jesu]
   „Geboren von der Jungfrau Maria"
   (Glaubensbekenntnis; vgl. Lk 2,1-7)

4. *Jesus, den du, o Jungfrau, im Tempel aufgeopfert hast*
   [Darstellung Jesu]
   Simeon redet prophetisch über die Zukunft von Mariens Kind (vgl. Lk 2,22-38)

5. *Jesus, den du, o Jungfrau, im Tempel wiedergefunden hast*
   [Wiederauffindung Jesu]
   „Wusstet ihr nicht, dass ich in dem sein muss, was meinem Vater gehört?" (vgl. Lk 2,41-51)

Die lichtreichen Rosenkranzgeheimnisse:

1. *Jesus, der von Johannes getauft worden ist*
   [Taufe Jesu]
   „Du bist mein geliebter Sohn, an dir habe ich Gefallen gefunden“ (vgl. Lk 3,21-22)

2. *Jesus, der sich bei der Hochzeit in Kana offenbart hat*
   [Hochzeit zu Kana]
   Jesus offenbart seine Herrlichkeit, und seine Jünger glauben an ihn (vgl. Joh 2,1-12)

3. *Jesus, der uns das Reich Gottes verkündet hat*
   [Reich Gottes-Verkündigung]
   Lesen wir dazu die Bergpredigt mit den „Seligpreisungen“ (vgl. Mt 5,1-12)

4. *Jesus, der auf dem Berg verklärt worden ist*
   [Verklärung Jesu]
   „Während er betete ... wurde sein Gewand leuchtend weiß“ (vgl. Lk 9,29)

5. *Jesus, der uns die Eucharistie geschenkt hat*
   [Eucharistie-Einsetzung]
   „Nehmt und esst, das ist mein Leib ... Nehmt und trinkt, das ist mein Blut“ (vgl. Lk 22,14-20)

Die schmerzhaften Rosenkranzgeheimnisse:

1. *Jesus, der für uns Blut geschwitzt hat*
   „Betet … Der Geist ist willig, aber das Fleisch ist schwach“ (vgl. Mt 26,41)

2. *Jesus, der für uns gegeißelt worden ist*
   „Darauf ließ Pilatus Jesus geißeln“ (Joh 19,1)

3. *Jesus, der für uns mit Dornen gekrönt worden ist*
   „Die Soldaten flochten einen Kranz aus Dornen; den setzten sie ihm auf...“ (vgl. Joh 19,2)

4. *Jesus, der für uns das schwere Kreuz getragen hat*
   „Einen Mann, der gerade vom Feld kam, Simon von Zyrene, … zwangen sie, sein Kreuz zu tragen“ (vgl. Mk 15,21)

5. *Jesus, der für uns gekreuzigt worden ist*
   „Bei dem Kreuz Jesu standen seine Mutter … und der Jünger, den er liebte“ (vgl. Joh 19,25-26)

Die glorreichen Rosenkranzgeheimnisse:

1. *Jesus, der von den Toten auferstanden ist*
   „Seht meine Hände und meine Füße an: Ich bin es selbst" (vgl. Lk 24,39)

2. *Jesus, der in den Himmel aufgefahren ist*
   „Ihr werdet meine Zeugen sein ... bis an die Grenzen der Erde" (vgl. Apg 1,8)

3. *Jesus, der uns den Heiligen Geist gesandt hat*
   „Da kam plötzlich vom Himmel her ein Brausen, wie wenn ein heftiger Sturm daherfährt, und erfüllte das ganze Haus, in dem sie waren" (vgl. Apg 2,2)

4. *Jesus, der dich, o Jungfrau, in den Himmel aufgenommen hat*
   „Siehe, von nun an preisen mich selig alle Geschlechter. Denn der Mächtige hat Großes an mir getan" (vgl. Lk 1,48-49)

5. *Jesus, der dich, o Jungfrau, im Himmel gekrönt hat*
   „Dann erschien ein großes Zeichen am Himmel: eine Frau, mit der Sonne bekleidet ... und ein Kranz von zwölf Sternen auf ihrem Haupt" (vgl. Offb 12,1)

Es ist wichtig anzumerken, dass alle diese Geheimnisse des Rosenkranzes, außer den beiden letzten, auf einem Text der Heiligen Schrift basieren. Der Rosenkranz kann deshalb zu Recht als „evangeliumsgemäßes Gebet“ bezeichnet werden, denn er ist eine Zusammenfassung der gesamten Frohen Botschaft über Jesus Christus, unseren Herrn und Erlöser. Die Aufnahme Mariens in den Himmel gehört schon sehr früh zum Glaubensschatz der Kirche und wird 1950 von Papst Pius XII. als Dogma festgelegt. Wenn wir uns die allerseligste Jungfrau Maria als „Königin des Himmels“ vorstellen, heißt das, dass sie als Gottesmutter alle Engel und Heiligen überragt.

Was bedeuten die lichtreichen Rosenkranzgeheimnisse? Papst Johannes Paul II. empfahl diese Geheimnisse als Ergänzung zu den herkömmlichen freudenreichen, schmerzhaften und glorreichen Geheimnissen. Er bezeichnete sie als „lichtreich“, weil sie entscheidende Ereignisse im Leben unseres Herrn Jesus Christus als Gründer und Haupt der Kirche herausstellen. Wie er werden auch seine Nachfolger als „Licht der Welt“ bezeichnet (vgl. Mt 5,14).

Am Ende jeder Reihe von zehn Ave Maria, die man „Gesätze“ nennt und währenddessen jeweils ein Geheimnis betrachtet wird, beten wir das „Ehre sei dem Vater“ und fügen das Gebet an, das die Muttergottes die drei Hirtenkinder – die seligen Francisco und Jacinta

Marto und ihre Cousine Lucia dos Santos – gelehrt hat, denen sie 1917 in Fatima in Portugal erschien:

„O mein Jesus, verzeih uns unsere Sünden,
bewahre uns vor dem Feuer der Hölle,
führe alle Seelen in den Himmel, besonders jene, die
Deiner Barmherzigkeit am meisten bedürfen."

Wie man den Rosenkranz gut betet

Vertraue auf das Rosenkranzgebet und glaube an seine Macht! Wenn es nicht so wirkmächtig wäre, hätte dieses Gebet kaum über nahezu 800 Jahre in der Kirche eine so große Beliebtheit beim gläubigen Volk erlangt. Zahllose Menschen und ganze Länder haben erfahren, dass diese Frömmigkeitsform durch die machtvolle Fürbitte der allerseligsten Jungfrau Maria Segensströme auf uns herabruft. Päpste haben Enzykliken und Apostolische Schreiben darüber verfasst und den Rosenkranz dem Volk Gottes, das die Kirche ist, empfohlen. In einem davon schrieb Papst Paul VI.: „Wir möchten diesbezüglich auf zwei Verhaltensweisen aufmerksam machen, die die Norm des Zweiten Vatikanischen Konzils in der pastoralen Praxis ihrer Wirkung berauben. So vor allem das Verhalten einiger, die in der Seelsorge tätig sind, die die Andachtsübungen von vornherein ablehnen, selbst jene, welche in den gebührenden

Formen vom Lehramt empfohlen werden, sie unterlassen und dadurch eine Leere schaffen, die sie ihrerseits nicht auszufüllen suchen. Diese vergessen, dass das Konzil davon spricht, dass die Andachtsübungen mit der Liturgie in Einklang zu bringen und nicht abzuschaffen sind" (Marialis Cultus, 1974, Nr. 31). Wie der Papst hier beklagt, ist es unglücklicherweise in vielen Ortskirchen zu einer weit verbreiteten Unkenntnis und fehlenden Wertschätzung des Rosenkranzgebetes gekommen.

Trage der Wichtigkeit des Rosenkranzgebets Rechnung, indem Du dem, was Du dabei sagst und tust, die gebührende Aufmerksamkeit widmest: Nutze Deine Vorstellungskraft, das heißt, stelle Dir z. B. den Engel Gabriel vor, wie er in Nazareth in das Haus Mariens eintritt, um ihr Gottes Botschaft zu überbringen, und wie er die Antwort der allerseligsten Jungfrau in den Himmel zurückbringt: „Siehe, ich bin die Magd des Herrn". Wenn Du beim Rosenkranzgebet dieses Büchlein zur Hand hast, kannst Du auch auf die Seiten mit den Bildern zu den jeweiligen Rosenkranzgeheimnissen schauen (siehe Seiten 79-119).

Bete andächtig, ohne Eile. Es ist besser, nur einen Teil des Rosenkranzes zu beten, als den ganzen Rosenkranz so schnell wie möglich herunterzurattern, nur um möglichst bald fertig zu werden. Denke an die Worte Jesu: „Wenn ihr betet, sollt ihr nicht plappern wie die Heiden, die meinen, sie werden nur erhört, wenn sie viele Worte machen“ (Mt 6,7). Ohne Betrachtung ist der Rosenkranz ein Körper ohne Seele, mahnte Papst Paul VI. „Von seiner Natur her verlangt das Rosenkranzgebet einen ruhigen Rhythmus und ein längeres besonnenes Verweilen, was im Betenden die Betrachtung der Geheimnisse des Lebens des Herrn fördert, die mit den Augen derjenigen geschaut werden, die dem Herrn am nächsten stand, und dessen unergründliche Reichtümer erschließt“ (Marialis Cultus 47).

Während die Perlen durch Deine Finger gleiten, windest Du einen Kranz von Rosen für Maria. Du liebst sie als Deine Mutter und preist mit ihr zusammen den Allmächtigen, wie sie es tat, als sie das Magnifikat anstimmte: „Meine Seele preist die Größe des Herrn, und mein Geist jubelt über Gott, meinen Retter“ (Lk 1,47).

Papst em. Benedikt XVI. und seine beiden Vorgänger haben den Marienwallfahrtsort Fatima besucht und dort zusammen mit einer großen Zahl von Gläubigen gebetet. Sie haben die Botschaft der allerseligsten Jungfrau an die drei Hirtenkinder aufgegriffen, Buße zu tun und den Rosenkranz für die Bekehrung der Sünder und den Frieden in der Welt zu beten. Folgen wir ihrem Beispiel und machen wir es ebenso, weil die Welt noch immer von vielen Kriegen und sozialen Umbrüchen erschüttert wird, die hunderttausende Menschen in Leid und Elend stürzen.

Vielleicht fragst Du Dich: Werde ich mich nicht leicht ablenken lassen, wenn ich so oft die stets gleichen Gebete wiederhole? Es ist wahr, von Zeit zu Zeit passiert es uns allen, dass wir während des Gebets für Augenblicke zerstreut sind. Wir sollten uns darüber keine allzu großen Sorgen machen, sondern einfach unsere Aufmerksamkeit wieder auf das zurücklenken, was wir gerade tun, sobald uns die Zerstreuung bewusst wird.

Eine Hilfe kann es sein, wenn wir uns daran erinnern, dass wir seit unserer Taufe Glieder des Leibes Christi sind, und dass Er, als dessen Haupt, mit uns zusammen betet. Was für ein tröstlicher Gedanke und welch ermutigende Wahrheit das ist! Wir sollten auch unterscheiden: Nicht jeder Gedanke, der uns während des Betens durch den Kopf geht, ist tatsächlich eine Zerstreuung. Da ist vielleicht eine besondere Sorge um eines Deiner Kinder, eine gestörte Beziehung zu einem Arbeitskollegen oder irgendein anderes ungelöstes Problem. Statt zu versuchen, solche Gedanken beiseite zu schieben und ins Unterbewusstsein zu verdrängen, empfiehl sie Christus und seiner Mutter an und bitte sie darum, dass sie Dich eine Lösung finden lassen. Denke an ein Musikinstrument, zu dem Du eine Melodie singst – wie der Klang, der harmonisch von dem Instrument und Deiner Stimme ausgeht, so können zerstreuende Gedanken mit dem ruhigen Rhythmus des Ave Maria aus Deinem Herzen zum himmlischen Vater aufsteigen.

Das führt uns zu einem weiteren wichtigen Punkt: Es kann sehr hilfreich sein, ein besonderes Anliegen zu nennen, bevor man mit dem Vaterunser ein neues Rosenkranzgesätz zu beten beginnt, besonders, wenn diese Intention irgendwie in Zusammenhang mit dem steht, was man im jeweiligen Geheimnis betrachtet. Man kann zum Beispiel sagen: „Drittes freudenreiches Geheimnis: Die Geburt Jesu. Beten wir für die Mütter, die ein Kind erwarten und versucht sind, es abtreiben zu lassen; dass sie Hilfe und guten Rat finden und dadurch fähig werden, dieser Versuchung zu widerstehen." Während wir dann die zehn Ave Maria beten und dabei ein besonderes Geheimnis betrachten, ist ein solches Gebetsanliegen, das wir uns am Beginn des Gesätzes vorgenommen haben, beständig vor unserem inneren Auge, und es wäre falsch, das als Zerstreuung zu bezeichnen.

In den deutschsprachigen Ländern besteht der althergebrachte Brauch, das zu betrachtende Rosenkranzgeheimnis in jedem einzelnen Ave Maria nach dem Namen Jesu einzufügen. In seinem Apostolischen Schreiben „Rosarium Virginis Mariae" vom Oktober 2002 schrieb Papst Johannes Paul II.: „Dies ist ein lobenswerter Brauch, besonders beim gemeinsamen Gebet. Er drückt kraftvoll den christologischen Glauben aus, der sich den verschiedenen Momenten im Leben des Erlösers zuwendet. Dies ist Bekenntnis des Glaubens und gleichzeitig eine Hilfe, um die Betrachtung wach zu halten. So kann die der Wiederholung des Ave

Maria innewohnende assimilierende Funktion in Bezug auf das Christusgeheimnis gelebt werden“ (RVM 33).

Man betet also folgendermaßen: „Gegrüßet seist du, Maria, voll der Gnade, der Herr ist mit dir. Du bist gebenedeit unter den Frauen, und gebenedeit ist die Frucht deines Leibes, Jesus“. Und dann nennt man das erste Geheimnis, z. B. „den du, o Jungfrau, vom Heiligen Geist empfangen hast“ und macht es so bei jedem der zehn Ave Maria. Beim zweiten Gesätz fügt man dann in jedem Ave Maria nach „Jesus“ das zweite Geheimnis ein, z. B. „den du, o Jungfrau, zu Elisabeth getragen hast“.

Rufen wir uns jetzt noch einmal alle zwanzig Rosenkranzgeheimnisse ins Gedächtnis zurück:

Die freudenreichen Geheimnisse:

1. *Jesus, den du, o Jungfrau, vom Heiligen Geist empfangen hast*
2. *Jesus, den du, o Jungfrau, zu Elisabeth getragen hast*
3. *Jesus, den du, o Jungfrau, (in Bethlehem) geboren hast*
4. *Jesus, den du, o Jungfrau, im Tempel aufgeopfert hast*
5. *Jesus, den du, o Jungfrau, im Tempel wiedergefunden hast*

Die lichtreichen Geheimnisse:

1. *Jesus, der von Johannes (im Jordan) getauft worden ist*
2. *Jesus, der sich bei der Hochzeit in Kana offenbart hat*
3. *Jesus, der uns das Reich Gottes verkündet hat*
4. *Jesus, der auf dem Berg (Tabor) verklärt worden ist*
5. *Jesus, der uns die Eucharistie geschenkt hat*

Die schmerzhaften Geheimnisse:

1. *Jesus, der für uns (im Garten Gethsemane) Blut geschwitzt hat*
2. *Jesus, der für uns gegeißelt worden ist*
3. *Jesus, der für uns mit Dornen gekrönt worden ist*
4. *Jesus, der für uns das schwere Kreuz getragen hat*
5. *Jesus, der für uns gekreuzigt worden ist*

Die glorreichen Geheimnisse:

1. *Jesus, der von den Toten auferstanden ist*
2. *Jesus, der in den Himmel aufgefahren ist*
3. *Jesus, der uns den Heiligen Geist gesandt hat*
4. *Jesus, der dich, o Jungfrau, in den Himmel aufgenommen hat*
5. *Jesus, der dich, o Jungfrau, im Himmel gekrönt hat*

Nach der Einfügung des jeweiligen Geheimnisses hinter dem Namen „Jesus“ wird das Ave Maria in der üblichen Weise fortgesetzt: „Heilige Maria, Mutter Gottes, bitte für uns Sünder, jetzt und in der Stunde unseres

Todes. Amen." Die Worte in Klammern können auch weggelassen werden. Du kannst den Wortlaut auch leicht abändern, solange er klar wiedergibt, was im betreffenden Geheimnis betrachtet werden soll. Ohne Zweifel kann die Wiederholung des Geheimnisses in jedem Ave Maria unsere Konzentration auf seine Betrachtung unterstützen, weil es einer möglicherweise monotonen Wiederholung der einzelnen Gebete vorbeugt.

Ein letzter Punkt: Viele Katholiken verteilen das Beten der vier Gruppen der Rosenkranzgeheimnisse in folgender Weise auf die sieben Wochentage und betrachten daher

- am Montag die freudenreichen Geheimnisse
- am Dienstag die schmerzhaften Geheimnisse
- am Mittwoch die glorreichen Geheimnisse
- am Donnerstag die lichtreichen Geheimnisse
- am Freitag – dem Tag des Leidens des Herrn – noch einmal die schmerzhaften Geheimnisse
- am Samstag wiederum die freudenreichen oder die lichtreichen Geheimnisse
- am Sonntag – dem Tag der Auferstehung des Herrn – erneut die glorreichen Geheimnisse.

Wo man den Rosenkranz beten kann

In Gemeinschaft mit anderen

Denken wir immer an Jesu Zusage: „Wo zwei oder drei in meinem Namen versammelt sind, da bin ich mitten unter ihnen“ (Mt 18,20).

In der Familie

Seien wir ehrlich: Die Hast des modernen Lebens hält viele Familien davon ab, sich Zeit zum Nachdenken zu nehmen. Durch Radio und Fernsehen erlauben wir der Welt, in unsere Häuser einzutreten, von frühmorgens, wenn wir aufstehen, bis zum Abend, wenn wir uns schlafen legen. In vielen Wohnungen laufen die Geräte ununterbrochen, auch wenn gar niemand hinhört oder zusieht. In einer solchen Atmosphäre ist es sehr schwierig, besonders für Kinder, in eine innige Beziehung zu Gott hineinzuwachsen, auch wenn das Kreuz noch an der Wand hängt und uns daran erinnert, dass die Bewohner Jesus nachfolgen wollen. Es liegt in unserer Macht, hier etwas zu ändern: Wir müssen nur den Ausschaltknopf drücken und das wirklich wollen. Auch heute gibt es solche Familien, die dies regelmäßig tun, um Zeit zu finden, eine Weile im Gebet mit dem Herrn zu verbringen. Viele bevorzugen dabei das Rosenkranzgebet, dem manchmal eine Schriftlesung vorausgeht.

Es ist wahr, heutzutage gibt es kaum noch die „klassischen" Großfamilien der Vergangenheit, als Eltern, Großeltern und Kinder unter einem Dach lebten. Oft wohnt der Vater, manchmal sogar auch die Mutter, wegen der Berufsarbeit weit weg von zuhause, und nur selten ergibt sich die Möglichkeit, auf einen Besuch heimzukommen. Die Familien bestehen zunehmend aus einer alleinerziehenden Mutter mit ihren Kindern. In einigen Ländern haben Epidemien sogar dazu geführt, dass eine große Anzahl von Familien von Kindern geleitet wird.

Was ich gerade über unseren Willen gesagt habe, uns Zeit zu nehmen, um Gott zu erlauben, während einer Zeit des Gebets in unsere Wohnungen zu kommen, ist auch in einer modernen Familie durchführbar. Es braucht nur den Entschluss, gegen den Strom zu schwimmen und einen Anfang zu setzen. Ohne Zweifel wird dies jedem Familienmitglied, das sich daran beteiligt, richtig gut tun.

Selbst solche Wohnviertel, in denen eine hohe Kriminalitätsrate und korruptive Machenschaften vorherrschen, werden von der heilenden Kraft profitieren, die von solchen Inseln der Heiligkeit und des Friedens in ihrer Mitte ausstrahlt. Vor über 60 Jahren, während der Schrecken des Zweiten Weltkriegs, initiierte Pater

Patrick Peyton CSC (1909 – 1992) die Bewegung des Familienrosenkranzes, der sich tausende Menschen aus allen Teilen der Welt anschlossen. Er förderte das Rosenkranzgebet in den Familien unter dem Motto: „Eine Familie, die zusammen betet, hält auch zusammen." Das gilt auch heute noch!

In kleinen christlichen Gemeinschaften

Ob diese Gemeinschaften nur eine kleine Anzahl von Personen umfassen, wie der Name sagt, oder ob sie aus allen Menschen bestehen, die in einem Stadtbezirk wohnen, spielt keine Rolle. Es gibt zahlreiche Gebetsformen, die eine solche Gruppe mit Gewinn pflegen kann, beispielsweise das höchst empfehlenswerte Bibelteilen. Das Rosenkranzgebet wird aber immer nützlich sein, besonders bei Nachtwachen für Verstorbene, die noch an vielen Orten üblich sind.

In kirchlichen Vereinigungen und Gemeinschaften

Bei ihren Versammlungen ist das Rosenkranzgebet häufig schon eine bewährte Praxis und manchmal sogar in den Statuten vorgeschrieben. Wie der Zweck dieses Gebetes noch weiter gefördert werden kann, wird im Abschnitt über den „Lebendigen Rosenkranz" erläutert werden.

In der Kirche

In vielen Gemeinden ist es Brauch, den Rosenkranz vor dem Sonntagsgottesdienst zu beten. Diese Praxis ist lobenswert. Nach den Worten von Papst Paul VI. kann die Betrachtung der Geheimnisse im Rosenkranz „eine sehr gute Vorbereitung auf deren Feier in der Liturgie darstellen und nachher ihr anhaltender Widerhall werden“ (Marialis Cultus 48).

Wo diese Praxis nicht besteht, kann man heutzutage oft beobachten, dass die Gläubigen vor dem Beginn der heiligen Messe in den Kirchenbänken sitzen und warten und sich dabei offensichtlich kaum bewusst sind, im „Haus des Herrn“ zu sein, wie die angeregte Unterhaltung zwischen vielen zeigt.

Gehen wir noch einen Schritt weiter: Die Kirchen, in denen wir zusammenkommen, erinnern uns an den Glauben unserer Vorfahren, die sie errichteten, manchmal angesichts ernster Widerstände und unter großen finanziellen Opfern. In jenen Zeiten konnte man die Kirchen noch zu jeder Tageszeit betreten, und viele Gläubige gingen tatsächlich jeden Tag dorthin, um die heilige Messe mitzufeiern oder um wenigstens dem Herrn im Tabernakel einen kurzen Besuch abzustatten oder um bei der Statue der Gottesmutter oder einer Kreuzwegstation zu beten. In unseren Tagen sind mancherorts die Kirchen leider ständig abgeschlossen, außer zu der Zeit, wenn darin liturgische Feiern stattfinden. Der Rosenkranz könnte helfen, etwas an dieser Situation zu verändern, die von unseren Vorfahren, die schon in die ewige Ruhe eingegangen sind, zweifellos bedauert wird. Wäre es nicht denkbar und möglich, dass kleine freiwillige Gruppen von Gläubigen nach einem Plan in der Kirche beten, den sie selbst aufstellen und dann treu einhalten? Ihre Gegenwart würde es überflüssig machen, die Kirche tagsüber zu schließen, und sicherstellen, dass kein Schaden durch Diebe oder andere Übeltäter entsteht. Die Versklavung durch den Fernseher lässt es viele von uns als normal ansehen, dass unsere Kirchen meistens geschlossen bleiben. Es liegt buchstäblich in unserer Hand, sie wieder zu dem zu machen, was sie früher waren: Häfen des Friedens und der Stille inmitten unserer ruhelosen Welt, um im Hamsterrad des alltäglichen Lebens immer wieder innehalten zu können.

Den Rosenkranz allein beten

Als Christen wissen wir, dass wir nie wirklich allein sind. Das gilt besonders für die Zeit, die wir im Gebet verbringen. Was wir auch tun, so der hl. Paulus, wir tun es „mit und in Christus“ (vgl. z. B. Eph 3,12.17.19; 4,5.10-12), denn wir sind Glieder an seinem Leib, der Kirche, deren Haupt er ist. Im Glaubensbekenntnis bekennen wir daher den Glauben an die „Gemeinschaft der Heiligen“, der wir seit dem Tag unserer Taufe angehören. Der Rosenkranz bietet sich in vielen Situationen an, in denen wir sonst nur „Zeit totschlagen“ würden, z. B. wenn wir allein im Auto fahren, krank im Bett liegen oder einen langen Spaziergang im Freien machen. Natürlich gibt es heutzutage die allgegenwärtigen Radios und Fernseher und andere Geräte, mit denen wir überall Musik hören oder uns unterhalten lassen können. Wie ich schon sagte: Die Herausforderung an uns Christen besteht heute darin, ob wir uns einfach wie die Masse verhalten oder ob wir uns aufraffen und einen Unterschied machen. Der Zustand unserer Welt würde sicherlich nahelegen, dass viele von uns öfter und eifriger beten. Jesus selbst (vgl. Mk 13,33; Lk 18,1; 21,36) und die Apostel (Eph 6,18; 1Petr 5,8) drängen uns, „allezeit zu wachen und zu beten“.

Der heilige Papst Johannes Paul II. und das Rosenkranzgebet

Zu Beginn seines 25. Jahres als Bischof von Rom – eines der längsten Pontifikate in der Geschichte des Papsttums – veröffentlichte Johannes Paul II. am 16. Oktober 2002 das Apostolische Schreiben „Über den Rosenkranz“ (Rosarium Virginis Mariae) und schrieb: „Auf euch alle schaue ich, Brüder und Schwestern jeglichen Standes, auf euch, die christlichen Familien, auf euch, die Kranken und die betagten Menschen, auf euch, die Jugendlichen: Nehmt aufs Neue den Rosenkranz mit Vertrauen in eure Hände! Entdeckt den Rosenkranz wieder im Licht der Heiligen Schrift, in Einklang mit der Feier der Liturgie und unter den Umständen des alltäglichen Lebens" (RVM 43). Er bezeichnet den Rosenkranz als „süße Kette, die uns an Gott bindet" und fährt fort: „Die Probleme, die die Bühne der Welt zu Beginn dieses neuen Jahrtausends zeigt, bringen uns auf den Gedanken, dass nur ein Eingriff von oben – der die Herzen all jener, die in Konfliktsituationen leben, zu lenken vermag, und all derer, denen die Führung der Geschicke der Nationen obliegt – auf eine weniger dunkle Zukunft hoffen lässt. Seiner Natur nach ist der Rosenkranz auf den Frieden ausgerichtet. Dies ergibt sich aus der Tatsache, dass dieses Gebet in der Betrachtung Christi des Fürsten des Friedens besteht, der „unser Friede" ist (Eph 2,14). Wer das Christusgeheimnis verinnerlicht – und genau darauf zielt der Rosenkranz ab – eignet sich das Geheimnis des Friedens an und macht es zu seinem Lebensentwurf. Kraft seines meditativen Charakters übt das Rosenkranzgebet ferner in der ruhigen Abfolge des Ave Maria auf den Beter selbst einen friedensstiftenden Einfluss aus. Es disponiert ihn für das Empfangen und das Erfahren seines Seins in der Tiefe und macht ihn bereit, den wahren Frieden, der das besondere Geschenk des Auferstandenen ist (vgl. Joh 14,17; 20,21), in seiner Umgebung weiterzuschenken" (RVM 40).

In seinem Apostolischen Schreiben nannte er auch den Grund für seinen Vorschlag, den herkömmlichen drei Gruppen von Rosenkranzgeheimnissen – den freudenreichen, schmerzhaften und glorreichen Geheimnissen – die lichtreichen Geheimnisse hinzuzufügen: „Um den christologischen Gehalt dieses Gebetes deutlicher zu machen, halte ich es für angebracht, eine angemessene Ergänzung vorzunehmen, die auch die Geheimnisse des öffentlichen Lebens zwischen der Taufe und dem Leidensweg Christi einbezieht, wobei ich es den Einzelnen und den Gemeinschaften überlasse, davon Gebrauch zu machen. In der Tat können wir im Verlauf dieser Geheimnisse bedeutsame Aspekte der Person Christi als dem endgültigen Offenbarer Gottes betrachten. Er ist derjenige, der bei der Taufe im Jordan der geliebte Sohn des Vaters genannt wurde, der das Kommen des Reiches verkündigt, es mit Werken bezeugt und den daraus folgenden Anspruch kundtut. In den Jahren seines öffentlichen Lebens zeigt sich das Geheimnis Christi in besonderer Weise als das Geheimnis des Lichtes: „Solange ich in der Welt bin, bin ich das Licht der Welt“ (Joh 9,5). Damit sich der Rosenkranz in einem umfassenderen Sinne des Wortes „Kompendium des Evangeliums“ nennen kann, ist es sinnvoll, die Betrachtung auch auf einige besonders bedeutende Momente des öffentlichen Lebens Jesu zu lenken und diese die lichtreichen Geheimnisse zu nennen. Diese lassen sich nach dem Gedächtnis der Inkarnation und des verborgenen Lebens Christi in den freudenreichen Geheimnissen einordnen, und vor der Betrachtung seines Erleidens der Passion in den schmerzhaften Geheimnissen, auf die der Triumph der Auferstehung in den glorreichen Geheimnissen folgt“ (RVM 19).

Papst Johannes Paul II. bekannte, seit seinen Kinder- und Jugendjahren habe dieses Gebet einen wichtigen Platz in seinem geistlichen Leben eingenommen (RVM 2). Außerdem habe er dadurch viele Gnaden von der allerseligsten Jungfrau Maria erlangt im Hinblick auf die Ausübung seines Petrusamtes, das er mit seinem bischöflichen Wappenspruch „Totus tuus“ (ganz dein) ganz unter ihren mütterlichen Schutz stellte (vgl. RVM 15). Bald nach seiner Wahl zum Papst, im Oktober 1978, bekannte er: „Der Rosenkranz ist mein Lieblingsgebet. Er ist ein wunderbares Gebet, wunderbar in seiner Schlichtheit und seiner Tiefe. ... In der Tat ziehen vor dem Hintergrund der Worte des Ave Maria vor den Augen der Seele die wichtigsten Ereignisse des Lebens Jesu vorbei. ... Gleichzeitig kann unser Herz in die Abfolge dieser Geheimnisse des Rosenkranzes alle Ereignisse einschließen, die das Leben des einzelnen, der Familie, der Nation, der Kirche und der Menschheit ausmachen; die persönlichen Erfahrungen und die des Nächsten, in besonderer Weise die jener Menschen, die uns am allernächsten stehen, die uns am Herzen liegen. So bekommt das schlichte Gebet des Rosenkranzes den Rhythmus des menschlichen Lebens“ (RVM 2). Am Ende seines Apostolischen Schreibens machte er sich die „Anrufungen an die Rosenkranzkönigin“ zu Eigen. Ihr Verfasser, der selige Bartolo Longo, vom Papst als

„Apostel des Rosenkranzes“ bezeichnet, errichtete in Pompeji in Italien ein herrliches Heiligtum zu Ehren der allerseligsten Jungfrau Maria.

O Rosenkranz, gesegnet von Maria,
süße Kette, die uns an Gott bindet,
Band der Liebe, das uns mit den Engeln vereint.
Turm des Heiles gegen die Angriffe der Hölle,
sicherer Hafen im allgemeinen Schiffbruch,
dich lassen wir nie mehr los.
Du unsere Stärke in der Stunde des Todes,
dir gilt der letzte Kuss unseres Lebens, wenn wir sterben.
Der letzte Gruß unserer Lippen sei dein holder Name,
o Königin des Rosenkranzes von Pompeji,
o gute Mutter, du Zuflucht der Sünder,
erhabene Trösterin der Betrübten, sei überall gepriesen,
heute und immer, im Himmel und auf Erden. Amen.

2 | Der Lebendige Rosenkranz

Wenn man bedenkt, dass der Rosenkranz aus fast sechzig Perlen besteht, und wenn man weiß, dass jeder einzelnen Perle ein Gebet zugeordnet ist, kann diese Andachtsübung als sehr entmutigend empfunden werden. Das trifft wohl besonders auf jüngere Leute zu, bei denen alles schnell gehen muss und die leicht abschweifen, wenn sie über einen längeren Zeitraum hinweg immer wieder dieselben Gebete wiederholen sollen. Man kann hier klar festhalten: Kein Katholik ist verpflichtet, den Rosenkranz zu beten, obwohl wir gesehen haben, dass sogar Päpste diese Gebetsform den Gläubigen wärmstens empfohlen haben. Für einige von uns ist der Rosenkranz vielleicht nicht die Gebetsform, die ihm persönlich entspricht. Bevor Du jedoch zu dem Schluss kommst, dass das auch bei Dir der Fall ist, nimm Dir bitte kurz Zeit und informiere Dich über den Lebendigen Rosenkranz. Als ich bei einem Treffen des Diözesanen Pastoralrats der Diözese Bethlehem darüber sprach, sprang plötzlich ein junger Mann auf, schwenkte seinen Rosenkranz in der Luft und rief freudig erregt: „Jetzt fürchte ich mich nicht länger davor, diesen zu beten!“ Tatsächlich gab er mit diesen Worten wieder, was alle

Teilnehmer der Versammlung fühlten. Schauen wir uns daher näher an, was den jungen Mann bewog, dies auszurufen.

Die Kirche verdankt den Lebendigen Rosenkranz der Genialität einer jungen Frau aus Frankreich. Sie wurde 1799 in der Stadt Lyon geboren, wo sie bis zu ihrem Tod 1862 lebte. Ihr Name ist Pauline-Marie Jaricot. Pauline hatte eine tiefe Liebe zu Jesus und seiner Kirche. Deshalb betete sie eifrig für die Ausbreitung des Glaubens unter allen Menschen überall auf der ganzen Welt. Ihr Vater leitete eine Seidenfabrik in Lyon und hatte viele Angestellte. Eines Tages hatte Pauline eine glänzende Idee. Sie sprach mit den Arbeitern über die Missionsaufgabe der Kirche und lud sie ein, sich ihr anzuschließen beim Rosenkranzgebet für die Priester und Ordensschwestern, die als Missionare in weit entfernten Ländern die Frohe Botschaft von Jesus verkündigten. Sie wusste jedoch auch, dass die Männer und Frauen, die viele Stunden in der Fabrik arbeiten mussten, bei ihrer Heimkehr am Abend müde waren. Aus diesem Grund erfand sie einen Weg, der es jedem Arbeiter erlauben würde, am Rosenkranzgebet teilzunehmen, ohne als Einzelner überlastet zu sein. Was also tat Pauline?

Sie bat die Arbeiter, Gruppen von je 15 Mitgliedern zu bilden. Jedes Mitglied einer Gruppe sollte einen Monat lang täglich eines der 15 Rosenkranzgeheimnisse beten, denn nur so viele waren es damals. Jedes Gruppenmitglied erhielt am Anfang des Monats sein Geheimnis, das durch den Leiter der Gruppe ausgelost worden war. Die Lose, die aus einem Hut gezogen wurden, bestanden aus 15 Papierstreifen, auf denen je ein Rosenkranzgeheimnis geschrieben stand. Paulines Idee war in der Tat brillant und wurde von den Arbeitern ihres Vaters begeistert aufgenommen. Auch wenn sie am Ende eines Arbeitstages müde waren, beteten sie zuhause getreu ihr Rosenkranzgesätz. Oft schloss sich sogar das eine oder andere Familienmitglied dem Gebet an. Am Ende des Monats loste jede Gruppe erneut die Geheimnisse für die einzelnen Mitglieder aus, die diese dann während des folgenden Monats jeden Tag treu beteten. Und so ging es weiter, das ganze Jahr hindurch. Wir sehen, was Pauline erreichte, indem sie ihre geniale Idee in die Tat umsetzte: Zusammen beteten die 15 Mitglieder jeder Rosenkranzgruppe täglich einen ganzen Psalter, was ein Einzelner allein niemals geschafft hätte.

Paulines Art und Weise, den Rosenkranz zu beten, wurde als der „Lebendige Rosenkranz“ bekannt. Zusätzlich zu ihrem Rosenkranzgebet für die Missionen spendeten die Gruppenmitglieder einen kleinen Betrag von ihrem monatlichen Verdienst und vertrauten das Geld Pauline an, damit sie es an französische Missionare in weit entfernten Ländern weiterleite, um damit deren Evangelisierungsarbeit zu unterstützen. Als sie 1832 Papst Gregor XVI. in Rom besuchte, approbierte dieser die „Gesellschaft zur Glaubensverbreitung", die aus Paulines Aktivitäten unter den Fabrikarbeitern ihres Vaters hervorgegangen war. Sie hatte sich schnell ausgebreitet und viele Menschen überzeugt, für die Missionsarbeit der Kirche zu beten und diese durch finanzielle Opfer zu unterstützen. Der Hauptsitz der neuen Gesellschaft blieb bis 1922 in Paulines Heimatstadt Lyon. Dann wurde er in die Missionsabteilung der Kirche bei der Kurie in Rom eingegliedert, die zu jener Zeit „Propaganda Fide" hieß und heute die „Kongregation für die Evangelisierung der Völker" ist.

Seit den Tagen von Pauline-Marie Jaricot haben sich verschiedene Formen entwickelt, den Lebendigen Rosenkranz zu beten. In einigen Gruppen des Lebendigen Rosenkranzes verpflichten sich die Mitglieder, dasselbe Rosenkranzgeheimnis einen Monat, ein Vierteljahr oder ein halbes Jahr lang zu beten. In der riesigen Vereinigung des Lebendigen Rosenkranzes in den USA (Universal Living Rosary Association) erhalten die Mitglieder bei ihrer Aufnahme in die Vereinigung von deren Leitung ein Rosenkranzgeheimnis zugeteilt, das sie dann lebenslang täglich beten. Andere Gruppen halten sich stärker an Paulines ursprüngliche Idee: Am Ende des Monats zieht der Gruppenleiter Lose und verteilt an jedes Mitglied ein Rosenkranzgeheimnis, das dann von diesem im folgenden Monat gebetet wird. Ich stelle folgende Vorgehensweise vor, die sehr einfach ist und sicherstellt, dass alle Gruppenmitglieder nacheinander alle Rosenkranzgeheimnisse beten. So erhält jeder die Möglichkeit, immerfort tiefer in die Betrachtung der unergründlichen Tiefen der Liebe Gottes zur Menschheit einzutauchen.

Gründung einer Gruppe des Lebendigen Rosenkranzes

✦ Wenn der Inhalt dieses Buches in Dir den Wunsch geweckt hat, den Lebendigen Rosenkranz zu beten, denke darüber nach, wer von Deinen Freunden und Bekannten möglicherweise als Kandidat in Frage käme, um zusammen mit Dir eine neue Gruppe des Lebendigen Rosenkranzes zu bilden. Sobald Dir die vier Namen von möglichen Teilnehmern eingefallen sind, ist es sicher eine gute Idee, für diese zu beten. So machte es Jesus, bevor er seine zwölf Apostel erwählt hatte (vgl. Lk 6,12-16). Dann gehe auf diese vier Personen nacheinander zu und gewinne sie dafür, zusammen mit Dir eine Lebendige Rosenkranzgruppe zu bilden. Erkläre ihnen, warum er „Lebendiger Rosenkranz" heißt. Du könntest ihnen auch dieses Büchlein leihen oder ihnen empfehlen, es selber zu kaufen und durchzulesen. Wahrscheinlich wird der eine oder andere nicht nur bereit sein, sich der Gruppe anzuschließen, sondern vielleicht sogar andere passende Kandidaten vorschlagen. Das könnte dazu führen, dass nicht nur eine Gruppe des Lebendigen Rosenkranzes entsteht, sondern sogar mehrere gleichzeitig!

- Sobald die vier anderen Personen dazu ihre Bereitschaft erklärt haben, bestimme mit ihnen einen Zeitpunkt und einen Ort, wo ihr die Gründung eurer Lebendigen Rosenkranzgruppe vornehmen wollt. Selbstverständlich müssen zu diesem Treffen alle Gruppenmitglieder ihren Rosenkranz mitbringen. Idealerweise sollten sie auch ein kleines Heft oder fünf Blatt Papier bei sich haben. Wir werden später sehen, wozu dies nötig ist.

- Beginnt Euer Treffen mit einem Loblied zur Ehre Gottes und singt danach ein Marienlied, um die Muttergottes zu ehren.

- Sodann müsst ihr herausfinden, ob jeder von euch den Rosenkranz beten kann, so wie es auf den Seiten 18-35 in diesem Büchlein erklärt wird. Um sicher zu stellen, dass es jeder auch wirklich kann, betet miteinander wenigstens zwei Gesätze der freudenreichen Rosenkranzgeheimnisse, beginnend mit dem Glaubensbekenntnis, bei dem man das kleine Kreuz des Rosenkranzes mit der Hand umschließt.

- Es ist von größter Wichtigkeit, dass jedes Gruppenmitglied alle Rosenkranzgeheimnisse auswendig lernt. Seht also zu, dass vor dem Ende des Treffens jeder von euch zumindest alle freudenreichen Rosenkranzgeheimnisse verinnerlicht hat. Die Bilder auf den Seiten 80-89 dieses Büchleins werden euch beim Lernen eine grosse Hilfe sein. Mitglieder, die diese Geheimnisse noch nicht auswendig können, sollten sie in das mitgebrachte Heft bzw. auf ein Stück Papier schreiben und zur Einübung mit nach Hause nehmen.

✦ Dann schaut gemeinsam die erste der fünf graphischen Darstellungen an, die sich auf den Seiten 57-61 befinden. Was seht ihr da? Jawohl, innerhalb eines großen Kreises befinden sich fünf kleinere Kreise. Der große Kreis steht für die Gruppe des Lebendigen Rosenkranzes, die kleineren Kreise für deren Mitglieder. Jeder kleine Kreis trägt den imaginären Namen eines Gruppenmitglieds und darunter steht eines der freudenreichen Geheimnisse. Der oberste Name – Maria – geht zusammen mit dem ersten freudenreichen Rosenkranzgeheimnis, „Die Verkündigung." Geht man weiter im Uhrzeigersinn, stößt man auf das zweite Mitglied der Gruppe – Franz – unter dessen Namen das zweite freudenreiche Rosenkranzgeheimnis steht, „Der Besuch Marias bei Elisabeth." Dann folgt Heidi und das dritte freudenreiche Geheimnis, „Die Geburt Jesu". Das vierte Mitglied ist Robert, mit dem vierten Geheimnis, „Die Darstellung Jesu". Hildegard ist das fünfte Mitglied der Lebendigen Rosenkranzgruppe und ihr Name geht zusammen mit dem fünften freundenreichen Rosenkranzgeheimnis, „Die Wiederauffindung Jesu“. Ihr begreift, dass man in diesen graphischen Darstellungen kürzere Namen für die freudenreichen Rosenkranzgeheimnisse verwenden musste, als diejenigen, welche bei der Beschreibung des Rosenkranzgebetes auf den Seiten 33 und 34 stehen.

✦ Als Überschrift der Seite mit der graphischen Darstellung lesen wir: „Die freudenreichen Geheimnisse“. Darunter steht: „Woche 1“. Was hat das zu bedeuten? Es sagt dir und den anderen Gruppenmitgliedern, dass ihr von dem Tag nach eurer Gründungsversammlung an eingeladen seid, wie Maria, Franz, Heidi, Robert und Hildegard ein Lebendiger Rosenkranz zu sein. Als kleine Gemeinschaft werdet ihr zusammen an jedem Tag einer ganzen Woche alle fünf freudenreichen Geheimnisse betend betrachten:

- Wie in der graphischen Darstellung Maria, betrachtet einer oder eine von euch eine ganze Woche lang jeden Tag betend die Verkündigung der Geburt Jesu,
- wie Franz, betrachtet ein zweites Mitglied eurer neu entstandenen Lebendigen Rosenkranzgruppe betend eine ganze Woche lang jeden Tag den Besuch von Maria bei Elisabeth,

- wie Heidi, tut ein drittes Gruppenmitglied desgleichen in Bezug auf das dritte freudenreiche Rosenkranzgeheimnis in betender Betrachtung der Geburt Jesu,
- wie Robert, betrachtet euer viertes Mitglied getreulich betend die Darstellung Jesu im Tempel an jedem Tag der Woche,
- und wie Hildegard tut euer fünftes Mitglied desgleichen in Bezug auf das fünfte freudenreiche Rosenkranzgeheimnis, die Auffindung von Jesus im Tempel.

✦ Dann schaut zusammen die zweite graphische Darstellung auf der Seite 58 an. Oben steht wieder: „Die freudenreichen Geheimnisse“ und darunter: „Woche 2“. Es fällt euch sicher sofort auf, dass hier Marias Name an die Stelle gerückt ist, wo der Name von Franz während der ersten Woche unseres betenden Betrachtens der freudenreichen Geheimnisse stand. Der Name von Franz ist indessen dahin gerückt, wo Heidis Name während der ersten Woche stand. Alle fünf Namen sind eine Stelle weitergerückt!. Was bedeutet das? Ihr werdet das sofort verstehen, wenn ihr die Geheimnisse anschaut, die neben jedem der imaginären Namen zu lesen sind. In der zweiten Woche hat Hildegard das Geheimnis von Maria übernommen, die während der ersten Woche jeden Tag das erste freudenreiche Geheimnis betend betrachtete. Maria übernimmt während der zweiten Woche von

Franz das Beten des zweiten Geheimnisses, in welchem sie den Besuch Marias bei Elisabeth betrachtet, während Franz in dieser zweiten Woche das dritte freudenreiche Geheimnis betet und die Geburt Jesu betrachtet. Wir verstehen, dass jetzt alle fünf Mitglieder wirklich zu einem Lebendigen Rosenkranz geworden sind, und jedes von ihnen von Woche zu Woche von einem freudenreichen Geheimnis zum nächsten voranschreitet. Das gleiche Verfahren müsst ihr auf eure Lebendige Rosenkranzgruppe anwenden! Ihr braucht nur eure eigenen Namen anstelle der imaginären Namen in die kleinen Kreise hineinschreiben. Beginnt damit in der graphischen Darstellung der ersten Woche und macht es ebenso in der Darstellung der zweiten, dritten und vierten Woche.

✦ Schließlich müsst ihr jetzt einen Blick auf die fünfte graphische Darstellung werfen: Am Ende der fünften Woche befindet sich Marias Name in dem kleinen Kreis, wo in der ersten Gebetswoche Hildegards Name war. Das bedeutet, dass sie in dieser fünften Woche das fünfte freudenreiche Geheimnis betrachtet, „Die Wiederauffindung Jesu." Hildegards Name hingegen steht jetzt in dem vierten kleinen Kreis, was bedeutet, dass sie während der fünften Woche das vierte freudenreiche Geheimnis betend betrachtet, „die Darstellung Jesu im Tempel." Wenn ihr nun das schrittweise Voranrücken der imaginären

Namen von Woche zu Woche und von einem freudenreichen Geheimnis zum nächsten nachprüft, werdet ihr feststellen, dass jedes Mitglied der Gruppe am Ende der fünften Woche sagen kann, es habe im Zeitraum der fünf Wochen alle fünf Geheimnisse jeweils eine ganze Woche betend betrachtet. Und zusammen als Gruppe haben sie von Tag zu Tag alle freudenreichen Geheimnisse gebetet und betrachtet.

✦ Weil ihr bei diesem Gründungstreffen eurer Lebendigen Rosenkranzgruppe alle miteinander noch Anfänger seid, wäre es gut, wenn alle Gruppenmitglieder – es sei denn jemand ist im Besitz dieses Büchleins – diese fünf graphischen Darstellungen in das zu dem Treffen mitgebrachte Heft oder auf die fünf Blatt Papier abzeichnen würden. Zuhause kann dann jeder von euch am Ende einer jeden Woche die entsprechende graphische Darstellung anschauen und so herausfinden, welches Geheimnis von jedem Mitglied der Gruppe in der darauf folgenden Woche gebetet werden soll. Natürlich müsst ihr anstatt der imaginären Namen, die in den kleinen Kreisen der graphischen Darstellungen stehen – Maria, Franz, Heidi, Robert und Hildegard – eure eigenen Namen in der richtigen Reihenfolge in die Kreise schreiben.

Die freudenreichen Geheimnisse
Woche 1

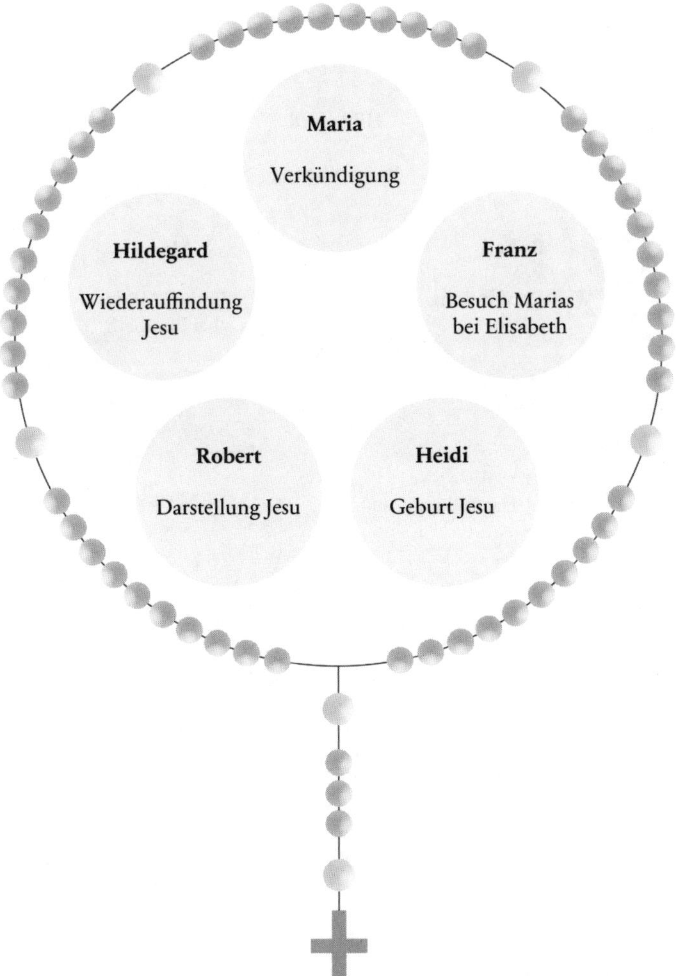

Die freudenreichen Geheimnisse
Woche 2

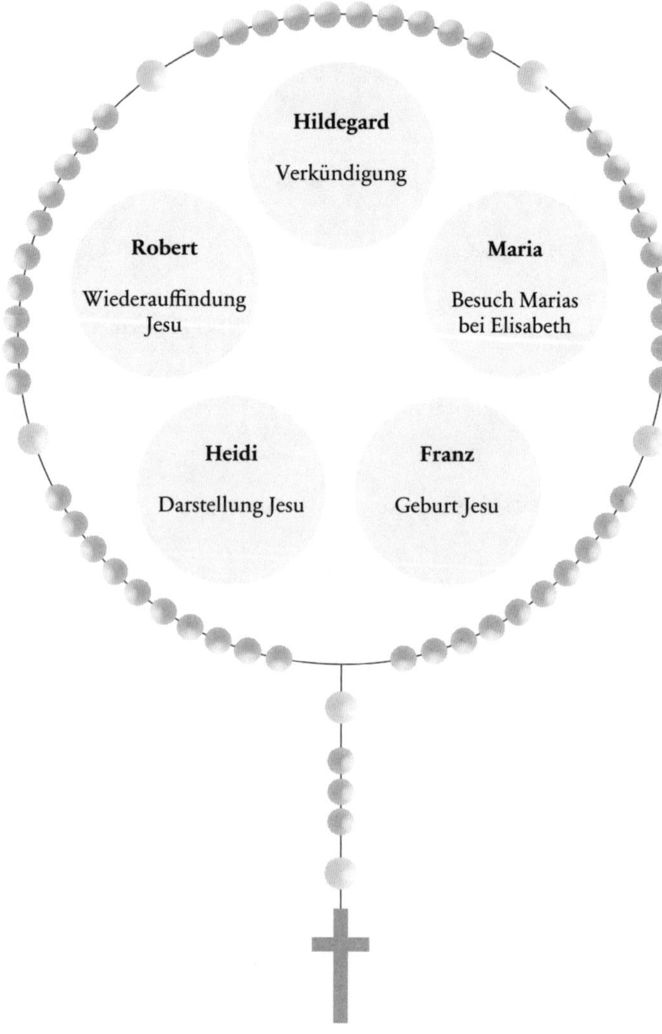

Die freudenreichen Geheimnisse
Woche 3

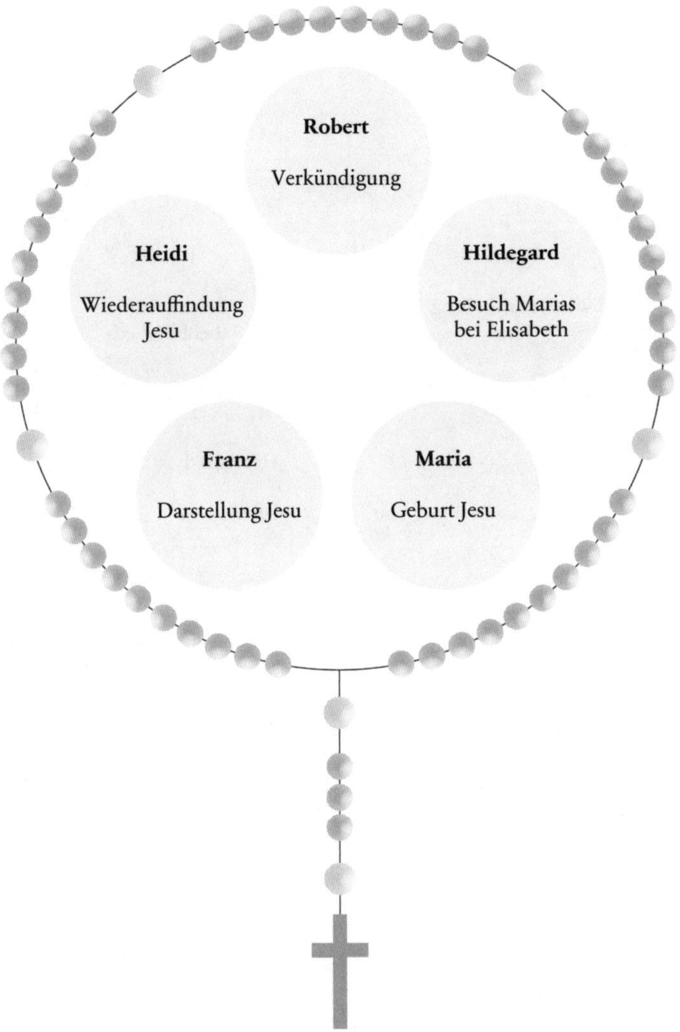

Die freudenreichen Geheimnisse
Woche 4

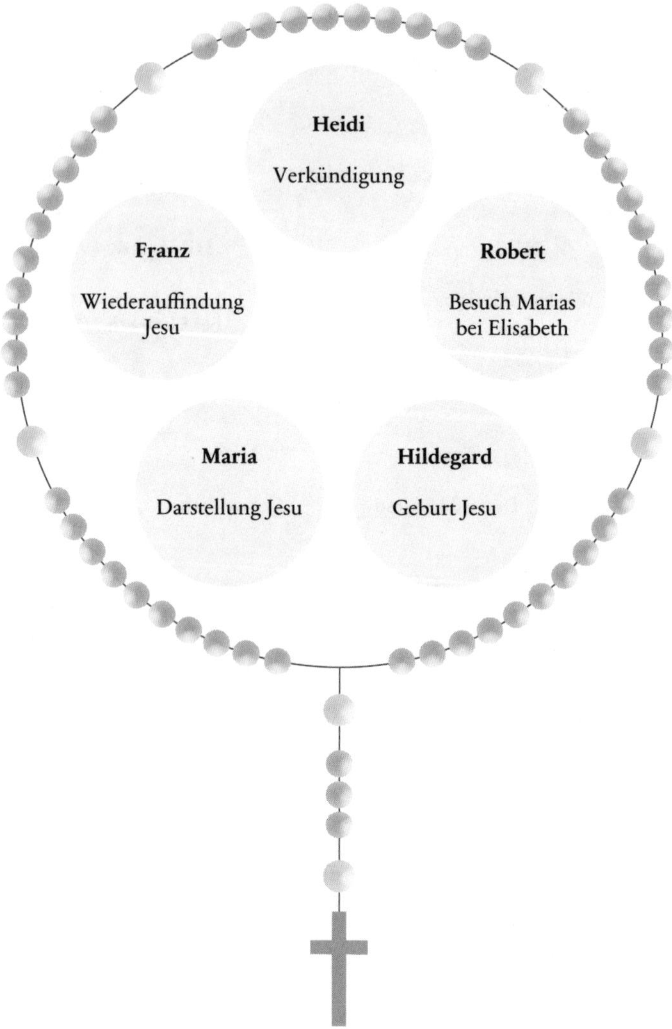

Die freudenreichen Geheimnisse
Woche 5

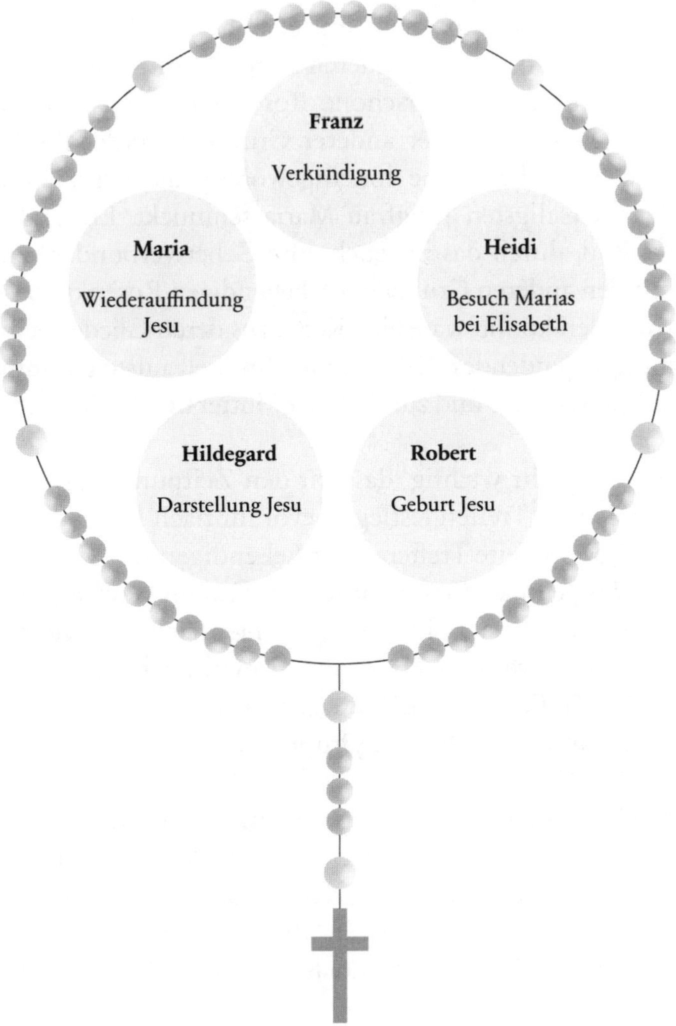

Bevor ihr nach eurem Gründungstreffen als eine Lebendige Rosenkranzgruppe auseinander geht, ermutigt euch gegenseitig, in den kommenden fünf Wochen im Gebet treu zu sein. Ihr könnt euch als fünf Blütenblätter verstehen, die mit anderen Lebendigen Rosenkranzgruppen eine wunderschöne Rose bilden. Zusammen mit den Rosen vieler anderer Gruppen werdet ihr in eine herrliche Krone hineingewoben, die das Haupt der allerseligsten Jungfrau Maria schmückt. Ein anderes Bild, durch das ihr euch eure Gebetsverbundenheit mit den anderen Gruppen des Lebendigen Rosenkranzes vorstellen könnt, wäre eine Kette, aus deren Gliedern ein nimmer endendes Gebet zum Himmel aufsteigt, zum Lobpreis Gottes und zur Ehre der Mutter unseres Erlösers.

- Es ist sehr wichtig, dass ihr den Zeitpunkt für euer nächstes Treffen festlegt, bevor ihr nach Hause geht! Dieses zweite Treffen eurer Lebendigen Rosenkranzgruppe muss vor dem Ende der fünften Woche eures betenden Betrachtens der freudenreichen Geheimnisse stattfinden. Habt keine Angst: nach dem zweiten Treffen ist in der Regel kein weiteres offizielles Zusammentreffen der Gruppe nötig!

- Und noch eine wichtige Schlussbemerkung: Normalerweise wird erwartet, dass Du als Initiator eures Gründungstreffens die zeitlich begrenzte Rolle als Leiter eurer Lebendigen Rosenkranzgruppe übernimmst. Solltest Du jedoch aus irgend einem Grund

Dich für die Übernahme dieser Rolle ungeeignet fühlen, musst Du dies vor eurem Auseinandergehen den anderen vier Mitgliedern eurer Gruppe bekannt machen und sie darum bitten, bei eurem nächsten Treffen zwei in ihren Augen geeignete Kandidat(inn)en aus ihrer Mitte zu benennen, die nach ihrer Meinung in den nächsten zwölf Monaten die Leitung der Gruppe übernehmen könnten.

- Das einzige, was der Leiter einer Gruppe des Lebendigen Rosenkranzes im Grunde zu tun hat, ist, die anderen rechtzeitig auf Datum, Uhrzeit und Ort des nächsten Treffens hinzuweisen, damit sie nicht vergessen zu kommen. Macht euch miteinander bitte von Anfang an bewusst, dass eine Leitungsfunktion immer ein Ruf ist, Jesus nachzuahmen, der gesagt hat: „wer bei euch der Erste sein will, soll euer Sklave sein. Denn auch der Menschensohn ist nicht gekommen, um sich bedienen zu lassen, sondern um zu dienen und sein Leben hinzugeben als Lösegeld für viele" (Mt 20,27-28). Bevor er für uns am Kreuz starb, wusch er – als bleibende Erinnerung daran – seinen Aposteln die Füße und sagte: „Ich habe euch ein Beispiel gegeben, damit auch ihr so handelt, wie ich an euch gehandelt habe" (Joh 13,15).

- Beendet euer Gründungstreffen mit einem frohen, passenden Lied und geht voll des heiligen Geistes nachhause.

Zweites Treffen der Lebendigen Rosenkranzgruppe

Wie am Ende eures Gründungstreffens ausgemacht, trefft ihr euch zum verabredeten Zeitpunkt am vereinbarten Ort, um euer zweites Treffen als Gruppe des Lebendigen Rosenkranzes abzuhalten.

- ✦ Für den Fall, dass Du Dich nicht imstande siehst, die Leitungsfunktion zu übernehmen, muss eure Gruppe – wie oben gesagt – gleich zu Beginn des heutigen Treffens zuallererst ein Mitglied als Leiter für die nächsten zwölf Monate bestimmen. Nur zwei Kandidaten werden nominiert. Diese müssen gefragt werden, ob sie willens sind, diesen Dienst anzunehmen, wenn die Wahl auf sie fällt. Dann wird eine Münze in die Luft geworfen. Vorder- und Rückseite stehen für jeweils einen der beiden Kandidaten. Die Seite der Münze, die nach oben zeigt, wenn sie auf den Tisch oder auf den Boden fällt, bestimmt den neuen Leiter für die nächsten zwölf Monate.
- ✦ Der einzige Zweck dieses zweiten Treffens besteht darin, das betende Betrachten der „Lichtreichen Rosenkranzgeheimnisse durch eure Gruppe über den Zeitraum der nächsten fünf Wochen zu organisieren. Bevor ihr jedoch diese Aufgabe in Angriff nehmt, soll zunächst jedes Mitglied den anderen erzählen, wie es ihr/ihm beim Gebet der freudenreichen Geheimnisse während der vergangenen fünf Wochen

ergangen ist. Hatten sie irgendwelche Schwierigkeiten? Wenn ja, wie kann man verhindern, dass sie sich erneut einstellen? Teilt einander mit, was ihr als erfreulich empfunden habt, z. B. dass sich andere Familienmitglieder dem Rosenkranzgebet eines Mitglieds bereitwillig angeschlossen haben, oder sprecht über eine tiefe geistliche Einsicht, welche einem von euch beim Betrachten eines bestimmten Geheimnisses von Gott geschenkt worden ist.

- Danach muss, wie bei eurem ersten Treffen, festgestellt werden, ob jedes Mitglied mit allen fünf lichtreichen Geheimnissen vertraut ist. Helft einander, dass ihr sie vor dem Ende eures heutigen Treffens auswendig aufsagen könnt! Macht es wieder so, wie bei dem Gründungstreffen eurer Gruppe: Jedes Mitglied schreibt sich die fünf lichtreichen Geheimnisse auf, und zusammen schaut ihr euch die entsprechenden Bilder auf den Seiten 90-99 dieses Büchleins an. Danach betet ihr als Gruppe zwei Gesätze der lichtreichen Geheimnisse.
- Als letzten Schritt des heutigen Treffens schaut sich die Gruppe die dem Buch beiliegenden graphischen Darstellungen an. Was fällt auf? Wie beim letzten Mal sind es wieder fünf große Kreise und in jedem von diesen stehen die fünf lichtreichen Geheimnisse, die ihr als Lebendiger Rosenkranz im Verlauf der nächsten fünf Wochen miteinander betet, wobei jedes Mitglied eine ganze Woche lang eines der Geheimnisse betend betrachtet. Dieses Mal sind

die kleinen Kreise allerdings nicht mit imaginären Namen ausgefüllt worden, sodass ihr eure eigenen Namen in die dafür vorgesehenen kleinen Kreise eintragen könnt. Das jeweils zu betende Geheimnis steht schon da. Es wird sicher hilfreich sein – sofern nicht jedes Mitglied bereits im Besitz eines Exemplars dieses Büchleins ist – die Abbildungen der fünf Kreise auf eine Tafel oder auf ein großes Blatt Papier zu zeichnen, um die Namen für jede Woche in der richtigen Reihenfolge in den kleinen Kreisen einzutragen. Jedes Mitglied kann dann alles in das eigene Heft oder auf einzelne Zettel abschreiben.

Hinweis:
Eine Kopiervorlage für jedes Rosenkranzgeheimnis liegt diesem Buch bei und ist auch separat erhältlich. Siehe auch Seite 132.

- ✦ Zieht dieses zweite Treffen eurer Lebendigen Rosenkranzgruppe weder unnötig in die Länge, noch haltet es unter Zeitdruck ab, denn es wird euch helfen, einander besser kennen zu lernen, und euch gegenseitig zu ermutigen, diesen Dienst für die Kirche freudig zu tun: als ihre lebendigen Glieder unter der Führung des Heiligen Geistes. Beratschlagt miteinander für welche besonderen Anliegen ihr in den kommenden fünf Wochen euer tägliches Beten eines Gesätzes des Rosenkranzes fruchtbar machen könntet. In eurem eigenen Umfeld könntet ihr z. B. für die eigene Pfarrgemeinde beten, für euren heimatlichen Wohnort oder – im Fall von jugendlichen Mitgliedern einer Lebendiger Rosenkranzgruppe – für eure Schule. Ihr könntet auch die monatliche Gebetsmeinung des Papstes berücksichtigen, oder für die Anliegen von Bischöfen, Seminaristen und Novizen, für euer eigenes Volk und Vaterland, oder für die Menschen in Kriegsgebieten bzw. für die von dort Geflohenen beten. Sagt nicht: „Was kann denn schon das Gebet unserer winzigen Gruppe an den Zuständen ändern, für die wir beten?“ Immer wieder hat es die Menschheit erlebt, wie das in Demut vertrauensvoll an Gott gerichtete Gebet von ihm in wundersamer Weise erhört wurde!

- ✦ Sollten die Mitglieder eurer Gruppe ein drittes Treffen für nötig halten, legt dafür wiederum Datum, Uhrzeit und Ort fest, bevor ihr nach Hause geht. Das dritte Treffen müsste dann vor dem Ende der fünften Woche eurer betenden Betrachtung der lichtreichen Geheimnisse stattfinden. Einziger Zweck dieses dritten Treffens wäre die Vorbereitung des betrachtenden Gebetes der schmerzhaften Rosenkranzgeheimnisse während der folgenden fünf Wochen. In der Regel wird es jedoch so sein, dass alle Mitglieder einer neuen Lebendigen Rosenkranzgruppe nach den detailliert beschriebenen zwei Treffen es verstanden haben, wie jedes ihrer Mitglieder von Woche zu Woche vom Beten eines jeweils fälligen Rosenkranzgeheimnisses zum darauf folgenden voranschreitet. Außerdem trifft man sich ja ohnehin alle fünf Wochen regelmäßig sonntags zur Heiligen Messe. Während dieser Begegnungen können die Mitglieder auch als Gruppe abklären, ob alle miteinander im gleichen Takt stehen, und sich gegenseitig zum treuen Durchhalten im gemeinschaftlichen Gebet ermuntern.

✦ Auch dieses eventuelle zusätzliche Treffen beginnen wir, wie die vorherigen, mit frohem Gesang zum Lobpreis Gottes und der allerseligsten Jungfau Maria, eingedenk der Ermahnung des Apostels in seinem Brief an die Kolosser (3,16).

3 | Ist der Lebendige Rosenkranz eine kirchliche Vereinigung?

Die Antwort auf diese Frage ist ein klares Nein, auch wenn es den Lebendigen Rosenkranz schon länger gibt, als viele heute in der Kirche existierende Vereinigungen. Die Mitgliedschaft in einer Gruppe des Lebendigen Rosenkranzes bedeutet nicht die Verpflichtung zur Teilnahme an regelmäßig stattfindenden Versammlungen, wie das bei kirchlichen Vereinigungen der Fall ist. Man kann also ruhig einer kirchlichen Vereinigung, wie dem Frauenbund oder der Kolpingfamilie angehören und gleichzeitig Mitglied einer Lebendigen Rosenkranzgruppe sein, denn die einzige Anforderung, die an einen als solchem gestellt wird, besteht darin, täglich in Treue ein Gesätz des Rosenkranzes zu beten. Wie im vorherigen Abschnitt beschrieben, genügt die Teilnahme an lediglich zwei Zusammentreffen, um eine Lebendige Rosenkranzgruppe ins Leben zu rufen und sie in Marsch zu setzen, denn der Lebendige Rosenkranz hat bis in unsere Tage die strukturelle Einfachheit beibehalten, die ihn von Anfang an auszeichnete. Will man den Lebendigen Rosenkranz beschreiben, kann man ihn als eine Volksbewegung bezeichnen, denn er hat die Kraft, die Herzen vieler Menschen anzusprechen und aus ihnen einen wahren Gebets-Sturm zum Himmel emporsteigen zu lassen.

In diesem Zusammenhang ist es interessant zu wissen, dass der Rosenkranz im Spätmittelalter entstand, als die Laien das Bedürfnis verspürten, das ununterbrochene Gebet der Ordensleute in den zahllosen Klöstern und Konventen nachzuahmen, mit denen damals alle christlichen Länder übersät waren. In der Frühzeit des Mönchtums machten es sich nämlich die Mönche und Nonnen zur Aufgabe, täglich im Verlauf der 24 Stunden eines Tages 150 Psalmen aus dem alttestamentlichen Buch der Psalmen zu singen und zu beten.

In Analogie dazu beteten eifrige Laien jeden Tag 150 Ave Maria, die in 15 Gesätze aufgeteilt waren. Bei jedem Gesätz wurde eines der 15 herkömmlichen Geheimnisse des Rosenkranzes betrachtet. Wie wir gesehen haben, wurden diese erst vor relativ kurzer Zeit um fünf Geheimnisse erweitert. Man darf nicht vergessen, dass die große Mehrheit der Bevölkerung in damaliger Zeit weder lesen noch schreiben konnte. Bücher waren das Ergebnis mühevoller Arbeit. Sie wurden handschriftlich vervielfältigt und waren deshalb entsprechend rar. Das ist einer der Gründe, weshalb das Rosenkranzgebet im Volk so schnell zu einer beliebten Frömmigkeitsform wurde.

In unserer schnelllebigen Zeit käme es kaum einem Laien, Priester oder Ordensmitglied in den Sinn, den Psalter mit allen 20 Geheimnissen täglich zu beten. Es ist jedoch auch heutzutage keine Überforderung, täglich als Mitglied einer Gruppe des Lebendigen Rosenkranzes ein Gesätz zu beten, wenn man bereit ist, das Opfer zu bringen, sich ein wenig der Alltagshektik zu entziehen und in dieser kurzen Zeit die eingegangene Verpflichtung zu erfüllen. Die durch diese Frömmigkeitsform erwirkten Gnaden für die Beter selbst und für die Welt sind unzählbar und eine häufig nachweisliche Tatsache.

4 | Wie zieht man aus dem Lebendigen Rosenkranz den größten geistlichen Gewinn? Einige wichtige Bemerkungen

- Benötigt eine neu entstandene Gruppe des Lebendigen Rosenkranzes die kirchliche Anerkennung? Muss sie vielleicht im zuständigen Pfarramt angemeldet werden? Wie bereits oben erwähnt, erhielt Pauline-Marie Jaricot am 27. Januar 1832 direkt vom damaligen Papst Gregor XVI die Approbation für ihre geniale Erfindung, also von der höchsten kirchlichen Stelle. Entsprechend ihrem Wesen verrichten Gruppen des Lebendigen Rosenkranzes ihre lebensspendende Arbeit in aller Stille und jeder Pfarrer wird darüber glücklich sein, eine solche geistliche Kraftquelle in seinem pastoralen Verantwortungsbereich vorzufinden. Gemäß der Aufforderung unseres Herrn, unser Licht nicht unter den Scheffel zu stellen (Mt 5, 15-16), gibt es aber natürlich auch keinen Grund für eine Lebendige Rosenkranzgruppe, auf Dauer anonym bleiben zu wollen.

- Was ist zu tun, wenn aus irgendeinem Grund eine Gruppe des Lebendigen Rosenkranzes ein Mitglied verliert, z. B. weil dieses an einen anderen Ort umzieht, oder weil sie derartig unter Stress leidet, dass sie ihrer täglichen Verpflichtung, ein Gesätz des Rosenkranzes zu beten, nicht mehr nachkommen kann, oder weil sie - was selten vorkommen dürfte – einfach keine Lust mehr dazu hat? Selbstverständlich muss die Gruppe in einem solchen Fall darum bemüht sein, so schnell wie möglich die entstandene Lücke in ihrer Mitgliedschaft zu schließen. Ihr Leiter muss dabei natürlich eine Schlüsselrolle spielen. Es obliegt ihm, nach einem guten neuen Mitglied Ausschau zu halten und mit dem Ziel und den Gepflogenheiten des Lebendigen Rosenkranzes vertraut machen. Es ist sicher nicht zu viel verlangt, ein williges Gruppenmitglied darum zu bitten, in der Zwischenzeit täglich zusätzlich das Beten des Gesätzes der ausgefallenen Person zu übernehmen. Falls es nötig sein sollte, kann es sich dabei auch mit einem anderen Gruppenmitglied von Woche zu Woche abwechseln.

✦ Für Gruppen des Lebendigen Rosenkranzes sollte die Regel gelten, dass ein Leiter nur zwölf Monate im Amt bleibt. Dafür gibt es zwei wichtige Gründe: Auf diese Weise kann zum einen verhindert werden, dass der Leiter der Versuchung erliegt, die Gruppe zu sehr zu dominieren, zum anderen erlaubt diese Vorgehensweise so vielen Gruppenmitgliedern wie möglich, ihr eigenes Führungspotential zu nutzen und zu entfalten.

✦ Klingt es nicht wie eine Übertreibung, wenn der heilige Papst Johannes Paul II. den Rosenkranz – wie wir auf Seite 43 gelesen haben – als „Kompendium des Evangeliums“ bezeichnet? Das wäre nur dann der Fall, wenn uns diese Frömmigkeitsform nicht in eine immer tiefer gehende Gemeinschaft mit Jesus führen würde und wenn wir das Vaterunser, die zehn Ave Maria und das Ehre sei dem Vater beim täglichen Beten des uns zugefallenen Rosenkranzgesätzes mechanisch herunterleiern würden.

In den Abschiedsworten, die Jesus vom Kreuz aus an den hl. Johannes richtete, wurde uns Maria als „Mutter der Kirche“ geschenkt (Joh 19,26-27). Kein anderer Mensch kam je dem Herzen Jesu näher als Maria. Sie „bewahrte alles, was geschehen war, in ihrem Herzen“, wie der hl. Lukas in seinem Evangelium (2,51) über ihre Erfahrungen beim Heranwachsen ihres Sohnes bis zur Erfüllung seines Auftrags als Retter der Menschheit berichtet. Ihre innige Beziehung zum Herzen Jesu intensivierte sich noch, nachdem sie mit Leib und Seele in den Himmel aufgenommen worden war. Könnten wir uns für unser Bestreben, immer enger mit den Absichten und Regungen des Herzens unseres Erlösers verbunden zu sein, ein besseres Vorbild erbitten? Sie brachte ihre vollkommene Offenheit gegenüber dem Willen Gottes und der Inspiration des Heiligen Geistes in jenen unvergesslichen Worten vorbildlich zum Ausdruck: „Ich bin die Magd des Herrn“ (Lk 1,38).

Jedes Mitglied einer Lebendigen Rosenkranzgruppe soll es sich zur Gewohnheit machen, den Heiligen Geist um seine Führung zu bitten, bevor es sein tägliches Gesätz zu beten beginnt. Dieser wird uns immer neu durch die Betrachtung der zwanzig Rosenkranzgeheimnisse geistliches Wachstum schenken, während wir diese das Jahr über beten. Er wird uns auch dazu anleiten, mit Jesus als Glied seines Leibes, der Kirche, mit größerer Intensität für das Kommen des Reiches Gottes zu beten. Während Du zum Beispiel das erste freudenreiche Geheimnis, die Verkündigung, betrachtest, könntest Du für folgende Anliegen beten:

- dass die jungen Menschen unserer heutigen Gesellschaft den Wert der Keuschheit und die Heiligkeit des Lebens wieder entdecken;

- dass alle Gläubigen das Sakrament der Ehe wieder neu schätzen lernen;

- dass verheiratete Paare ihr gegenseitiges Treueversprechen halten und in ihrer Liebe zueinander wachsen;

- für kinderlose Ehepaare, die sich Kindersegen wünschen;

- dass die von Gott zum Priestertum oder Ordensleben Berufenen ihrem Ruf hochherzig folgen und in ihrer Hingabe treu bleiben.

Das Einbeziehen solcher Intentionen in unser Gebet ist, wie wir bereits gesehen haben (siehe Seite 32), keine Ablenkung, sondern es verleiht unserer Betrachtung der Rosenkranzgeheimnisse größere Tiefe, weil es so mit der Welt verbunden wird, in der wir tagtäglich leben.

Unser Herr begann die Verkündigung seines Evangeliums mit den Worten: „Kehrt um! Denn das Himmelreich ist nahe“ (Mt 4,17). Damit griff er die kraftvollen Worte seines Vorläufers Johannes des Täufers auf, der die Bewohner von Jerusalem und Judäa gewarnt hatte: „Jeder Baum, der keine gute Frucht hervorbringt, wird umgehauen und ins Feuer geworfen. Ich taufe euch nur mit Wasser, zum Zeichen der Umkehr. Der aber, der nach mir kommt, er wird euch mit dem Heiligen Geist und mit Feuer taufen. Er wird die Spreu vom Weizen trennen und den Weizen in seine Scheune bringen; die Spreu aber wird er in nie erlöschendem Feuer verbrennen“ (Mt 3,10-12). Heute wie damals ist nicht jeder, der diese Botschaft hört, bereit, sie anzunehmen und zu befolgen. Jesus machte diese Erfahrung sogar in seiner Heimatstadt Nazareth (Lk 4,16-30), und der hl. Johannes fasst sie im Prolog zu seinem Evangelium zusammen, wo er schreibt: „Das Wort war in der Welt, und die Welt ist durch ihn geworden, aber die Welt erkannte ihn nicht. Er kam in sein Eigentum, aber die Seinen nahmen ihn nicht auf. Allen aber, die ihn aufnahmen, gab er Macht, Kinder Gottes zu werden“ (Joh 1,10-12). Die „Welt“, d.h. alle, die zu sehr mit „weltlichen Dingen“ beschäftigt sind (vgl. das Gleichnis Jesu vom Weizenkorn und vom großen Fest [Lk 8,14 und 14,17-20]), erkennen ihn nicht, aber die Kinder Gottes sollen „Licht der Welt" sein und sich mit Eifer dafür einsetzen, dass die Welt in das Reich Gottes verwandelt wird. All ihre Bemühungen beim Erfüllen dieser Aufgabe müssen allerdings von einem beständigen Gebetsstrom getragen sein, der aus ihren Herzen fließt. Ansonsten läuft ihr Wirken ins Leere, denn „wenn nicht der Herr das Haus baut, müht sich jeder umsonst, der daran baut" (Ps 127,1).

Das Zweite Vatikanische Konzil bezeichnete deshalb die Kirche – d.h. den gesamten Leib Christi – als „eine Art Sakrament" für die Welt (Dekret über die Kirche, Lumen Gentium, 1). Als die allerseligste Jungfrau Maria der hl. Bernadette von Lourdes erschien und den Hirtenkindern in Fatima, hielt sie stets einen Rosenkranz in der Hand. Sie bat die Kinder eindringlich, täglich den Rosenkranz für die Rettung der Menschheit zu beten. Man darf also mit einer gewissen Berechtigung sagen, dass diese unscheinbare Perlenschnur, welche durch die Jahrhunderte von Abermillionen Menschen als geschätzte Gebetshilfe benutzt worden ist, sogar himmlische Bestätigung erfahren hat! Als „Magd des Herrn" identifiziert sich Maria mit dem Auftrag ihres göttlichen Sohnes und ermutigt uns, durch unser vertrauensvolles Gebet an seinem Erlösungswerk teilzunehmen, „durch ihn und mit ihm und in ihm", woran wir in jeder Feier der heiligen Eucharistie erinnert werden, kurz bevor wir das Vaterunser beten. Unsere betende Betrachtung der zwanzig Rosenkranzgeheimnisse wird uns in eine immer engere Verbindung mit Jesus führen, und er wird uns Mut machen, seinem Beispiel zu folgen und uns zusammen mit ihm mit Leib und Seele der Rettung der Welt zu weihen. Unsere frühen Vorfahren im Glauben haben diese Herausforderung verstanden und angenommen, indem sie sich selbst als „Christi Wohlgeruch für Gott“ darboten, wie wir im Brief des hl. Paulus an die Gemeinde in Korinth lesen (2Kor 2,15). Lasst uns ihrem Beispiel folgen!

Auf den folgenden Seiten finden sich kurze Impulse, die bei der betenden Betrachtung der zwanzig Rosenkranzgeheimnisse sehr hilfreich empfunden werden könnten.

5 | Bilder und Impulse für die betende Betrachtung der freudenreichen, lichtreichen, schmerzhaften und glorreichen Rosenkranzgeheimnisse

Ein gelegentlicher Blick auf diese Bilder und die beigefügten Impulse kann unsere Konzentration auf das Rosenkranzgeheimnis erhöhen, das wir beim Beten eines jeweiligen Gesätzes betrachten.

Die freudenreichen Geheimnisse

1. *Jesus, den du, o Jungfrau, vom Heiligen Geist empfangen hast (Lk 1,26-38)*

Betrachtungsimpuls: In der langen Geschichte seiner Liebe und zärtlichen Sorge für uns möchte Gott,

unser himmlischer Vater, einen neuen Anfang setzen. Um einen neuen Bund mit der Menschheit zu schließen, erlässt er nicht einfach ein Gebot, sondern erbittet die freie Zustimmung einer jungen Frau, Maria. Da sie ohne den Makel der sündigen Vergangenheit der Menschheit empfangen wurde – „Unbefleckte Empfängnis!“ – ist ihr Herz offen und bereit, Gottes Willen zu tun.

Mit kindlichem Vertrauen stellt sie eine Frage und erhält eine Antwort darauf: Der Sohn Gottes wird einer von uns werden, in allem uns gleich, außer der Sünde, und sie wird seine Mutter sein. Maria, voll der Gnade und von bedingungslosem Glauben erfüllt, gibt ihre Zustimmung: „Mir geschehe, wie du es gesagt hast.“

Gebetsimpuls: Heiliger Geist, lehre uns, immer wachsam zu sein, damit wir den Willen des Vaters erkennen können, und befähige uns, unser großzügiges Einverständnis dazu zu geben. Segne alle jungen Menschen, dass sie ihre Herzen für die Frohe Botschaft Jesu Christi öffnen. Führe uns alle auf unserem Weg zum Vater. Amen.

2. *Jesus, den du, o Jungfrau, zu Elisabeth getragen hast (Lk 1,39-56)*

Betrachtungsimpuls: Als Maria mit Jesus schwanger geworden war – „das Wort wurde Fleisch" – hätte sie sich in stiller Selbstgenügsamkeit der übergroßen Gnade erfreuen können, die ihr von Gott geschenkt worden

war. Stattdessen eilte sie zu ihrer älteren Verwandten Elisabeth, die mit Johannes, dem zukünftigen Täufer, schwanger war, um ihr beizustehen. Sobald sie Elisabeths Haus betritt, feiern die beiden Kinder im Schoß ihrer Mütter ihre erste Begegnung, als sich diese beiden von Gott inspirierten Frauen umarmen. Im Magnifikat, ihrem Lobgesang auf die göttliche Barmherzigkeit, prophezeit Maria die Geburt des Retters der Menschheit, der den Armen und Schwachen Erlösung bringen wird.

Gebetsimpuls: Jesus, du bist jedem ungeborenen Leben im Schoß seiner Mutter nahe und beschützt es. Lehre uns zu begreifen, dass jedes menschliche Wesen von der Empfängnis an ein Geschenk Gottes ist, das dazu bestimmt ist, zu wachsen und dich als Bruder zu haben. Leite uns an, die große Hilfsbereitschaft deiner Mutter nachzuahmen. Segne alle Mütter, die die Geburt eines Kindes erwarten. Amen.

3. *Jesus, den du, o Jungfrau, geboren hast (Lk 2,1-7)*

Betrachtungsimpuls: Durch Maria kommt der einzige Sohn des Vaters und ewigen Gottes, als Mensch in unsere Welt. Er kommt nicht als mächtiger Herrscher und sucht sich für seine Geburt keinen prachtvollen

Palast in einem mächtigen Land aus. Für ihn ist nicht einmal Platz in der Herberge von Bethlehem. Obwohl er noch nicht sprechen kann, ist er das lebendige Wort des Vaters, der sichtbare Ausdruck von Gottes barmherziger Liebe zu uns. Gott ist ein Kind geworden, deshalb braucht niemand Angst vor ihm zu haben. Arme Hirten sind die ersten, die den Ruf erhalten, ihm zu begegnen. Er ist die große Freude für die Welt, das Geschenk seines Vaters.

Gebetsimpuls: Vater im Himmel, Millionen von Menschen haben durch Krieg oder Revolution ihre Heimat verloren und müssen ihr Leben in Flüchtlingslagern und Notunterkünften fristen. Ebenso werden viele Kinder in menschenunwürdige Verhältnisse hineingeboren und wachsen oft in entsetzlicher Armut auf. Dennoch lebt Jesus in ihnen und teilt ihre Not. Gib uns ein großmütiges Herz, das einen Beitrag zu Frieden und Harmonie zwischen den Völkern leistet und zu einer gerechteren Verteilung des Reichtums unter ihnen führt. Amen.

4. *Jesus, den du, o Jungfrau, im Tempel aufgeopfert hast (Lk 2,22-38)*

Betrachtungsimpuls: Im Tempel von Jerusalem unterwirft sich die heilige Familie nach der Geburt von Marias Sohn den vom Gesetz des Alten Bundes vorgeschriebenen Reinigungsritualen. Dort treffen sie Simeon und

Hanna, die beide mit großer Sehnsucht und Inbrunst das Kommen des Messias erwarten. Simeon erkennt in Jesus den lang erwarteten Erlöser und preist Gott. Er weissagt auch den Leidensweg, den Jesus und seine Mutter später gehen müssen. So erfährt Maria früh, wie ihr Leben von nun an auf's Engste in das Erlösungswerk ihres Sohnes eingebunden sein wird.

Gebetsimpuls: Heiliger Josef, erflehe alten Menschen den festen Glauben, nach ihrem Leben auf Erden Jesus von Angesicht zu Angesicht schauen zu dürfen. Bitte auch für alle Verheirateten, die den Tod ihres Ehepartners betrauern. Mögen sie wie die verwitwete Hanna die tröstliche Nähe Christi in ihrem Leben erfahren. Amen.

5. Jesus, den du, o Jungfrau, im Tempel wiedergefunden hast (Lk 2,41-51)

Betrachtungsimpuls: In diesem Geheimnis werden wir Zeuge eines wichtigen Ereignisses auf dem Weg des zur vollen Reife heranwachsenden Jesus. Wir können die Sorge von Maria und Josef gut nachvollziehen, als

sie entdecken, dass Jesus nicht mehr bei der Karawane ist, die sich auf dem Rückweg von der Wallfahrt zum Tempel in Jerusalem befindet. Wie sie sind auch wir erstaunt über die Antwort, die Jesus seiner Mutter auf deren Frage gibt: „Sohn, warum hast du uns das angetan?“ Sie verstehen sie nicht, aber „Maria bewahrt alles in ihrem Herzen.“ Von tiefem Glauben erfüllt, ist ihr Herz bereit, ihren Sohn in dessen Ausführung des geheimnisvollen Plans Gottes zu begleiten.

Gebetsimpuls: Maria, in unseren eigenen Familien finden wir es mitunter schwierig, einander zu verstehen, denn jeder hat mit seinen eigenen Alltagsproblemen zu kämpfen. Hilf uns, die Einzigartigkeit jedes Familienmitglieds zu respektieren und die Hand Gottes auch in jenen Ereignissen zu entdecken, die unser Fassungsvermögen übersteigen. Lass dein Licht über allen Eltern leuchten, deren Kinder ihnen Kummer und Sorgen bereiten. Amen.

Die lichtreichen Geheimnisse

1. *Jesus, der von Johannes getauft worden ist (Lk 3,21-22)*

Betrachtungsimpuls: Johannes der Täufer kennt und akzeptiert seine Rolle als Wegbereiter des Messias.

Obwohl ihn die Menschen als großen Propheten umjubeln, nimmt er unbeirrt die demütige Rolle an, die Gott ihm in seinem Plan zugewiesen hat. Johannes erkennt Jesus als den Messias, als er auf ihn zukommt, um die Bußtaufe, umgeben von zahllosen Sündern, im Jordan zu empfangen. Der Himmel öffnet sich über ihm, und einen Moment lang offenbart Gott das Geheimnis seiner Gegenwart in drei Personen: Der Vater verweist mit liebevoller Stimme auf seinen ewigen Sohn, und der Heilige Geist schwebt auf diesen in Gestalt einer Taube herab, dem alten Symbol des Friedens. Nun kann Jesus mit der Verkündigung des Reiches Gottes beginnen.

Gebetsimpuls: Vater, du hast uns deine Liebe zu deinem göttlichen Sohn geoffenbart, der aus der Jungfrau Maria geboren wurde. Durch deinen Geist mache alle eins, die im Namen Jesu getauft wurden, „damit die Welt glaubt, dass du ihn gesandt hast" (Joh 17,21). Segne die Katechumenen und ihre Paten. Überall dort, wo der Glaube in Gefahr ist zu verlöschen, entfache ihn wieder zu einer lodernden Flamme! Amen.

2. *Jesus, der sich bei der Hochzeit in Kana offenbart hat (Joh 2,1-12)*

Betrachtungsimpuls: Das erste Wunder, das Jesus wirkt, ist nicht die Heilung eines Kranken, sondern er verhindert durch das erste Zeichen seiner messianischen Sendung, das Misslingen einer Hochzeitsfeier. Er ver-

wandelt 600 Liter Wasser in erstklassigen Wein. Durch dieses Wunder bewahrt er die Familien des Bräutigams und der Braut vor Schmach und Schande und sorgt dafür, dass die Hochzeitsgäste zum fröhliches Weiterfeiern mehr als genug zu trinken haben. Seine Mutter spricht er mit „Frau“ an, wie er es wieder in seiner letzten Stunde vor seinem Tod am Kreuz tun wird. Damit stellt er sie als die neue Eva heraus, die neben ihm, dem neuen Adam, steht. Die fürbittende Macht seiner Mutter bewirkt, dass seine Offenbarung als Messias vor der vom Vater festgesetzten „Stunde“ erfolgt. Marias Worte an die Diener verweisen auf das Ziel unseres eigenen Lebens als Christen. „Tut, was er euch sagt!“ Hier in Kana festigt sich in den Herzen der Apostel ihr Glaube an Jesus.

Gebetsimpuls: Muttergottes, tritt fürbittend ein für alle Ehepaare. Bitte deinen Sohn, alle in ihrer Glaubenspraxis lau gewordenen Katholiken in mutige, selbstlose, geduldige und frohe Glaubenszeugen zu verwandeln. Rufe ihm im Namen seiner Braut, der Kirche, zu: „Ihr Wein ist ausgegangen!“. Möge er sie in ihrer Treue zu ihm stärken. Amen.

3. *Jesus, der uns das Reich Gottes verkündet hat (Mk 1,14-15; Mt 5,1-12)*

Betrachtungsimpuls: Nachdem Jesus die Versuchung Satans in der Wüste siegreich überwunden hat, beginnt er, die frohe Botschaft zu verkünden, indem er den Menschen sagt: „Das Reich Gottes ist nahe.“ Um

in das Reich Gottes hineinzugelangen, muss man umkehren und an das Evangelium glauben. Was das bedeutet, führt er in der Bergpredigt aus. All das, was die „Welt“ für überaus begehrenswert und unverzichtbar hält, wird von ihm auf den Kopf gestellt: „Selig sind die Armen im Geiste, die Trauernden, die Demütigen, die nach Gerechtigkeit hungern und dürsten, die Barmherzigen, die ein reines Herz haben, die Frieden stiften und die um der Gerechtigkeit willen Verfolgten.

Gebetsimpuls: Herr Jesus Christus, du hast der Kirche aufgetragen, das Reich Gottes zu verkünden, bis du wiederkommst, um die Lebenden und die Toten zu richten. Wandle uns durch deinen Heiligen Geist, damit wir ein bußfertiges und heiligmäßiges Leben führen. Entzünde in uns das Feuer, das uns anspornt, das Licht der Frohen Botschaft in die entferntesten Gegenden der Erde und in alle Bereiche des öffentlichen Lebens unserer Gesellschaft zu bringen. Inspiriere die Führungskräfte aller Nationen, dein Wort des Lebens anzunehmen und Gerechtigkeit und Frieden zu fördern. Amen.

4. Jesus, der auf dem Berg verklärt worden ist (Lk 9,2-9)

Betrachtungsimpuls: Als Jesus seinen Aposteln mitteilte, sie würden jetzt nach Jerusalem hinauf gehen und dass ihm dort schweres Leiden bevorstünde, er zum Tode verurteilt und am Kreuz sterben würde, protestierte Petrus.

Dabei übersah er völlig, dass Jesus ihnen auch versicherte, er würde drei Tage nach seinem Tod wieder auferstehen (vgl. Mk 8,31-37). Er dachte „nicht so, wie Gott denkt, sondern wie die Menschen". Deshalb wies ihn Jesus zurecht und sagte zu ihm: „Geh mir aus den Augen, du Satan!"

In diesem Geheimnis betrachten wir, wie Jesus Petrus, den Anführer des Apostelkollegiums, zusammen mit Jakobus und Johannes auf das Geschehnis vorbereitete, das eintrat, nachdem sie Zeugen seines Todes am Kreuz geworden waren. Auf dem Berg Tabor offenbart ihnen Jesus seine zukünftige Herrlichkeit, die ihm nach seiner Auferstehung von den Toten zuteil werden wird. Die Stimme des Vaters offenbart die Intensität seiner Liebe zu seinem Sohn. Auf dem Berg Tabor verstehen die drei Apostel die Bedeutung der Verklärung Jesu noch nicht, aber später, nach seiner Auferstehung, wird Petrus der Welt verkünden: „wir waren Augenzeugen seiner Macht und Größe" (2Petr 1,16).

Gebetsimpuls: Heiliger Petrus, Jakobus und Johannes, auf dem Berg Tabor hattet ihr das Vorrecht, die Schönheit des göttlichen Antlitzes Jesu zu schauen. Betet für alle, die ihr Leben Gott geweiht haben und in kontemplativen Gemeinschaften leben. Betet auch für die, die aufrichtig nach der Wahrheit suchen. Herr Jesus, lass das Licht von Tabor über uns leuchten, wenn es in unserem Leben dunkel wird, wie es dir in Gethsemane erging, als Petrus, Jakobus und Johannes lieber schliefen, als dir im Gebet Beistand zu leisten. Amen.

5. Jesus, der uns die Eucharistie geschenkt hat (Lk 22,14-20; 1Kor 11,23-28)

Betrachtungsimpuls: Das eucharistische Opfer ist „Quelle und Höhepunkt des ganzen christlichen Lebens“ (Zweites Vatikanisches Konzil, Dogmatische Konstitution über die Kirche, Lumen Gentium 1). In

ihr preist der Sohn den Vater im Heiligen Geist. Sie holt die erlösende Kraft des Opfertodes Jesu am Kreuz in das Hier und Jetzt unseres Lebens herein und gibt uns einen Vorgeschmack des himmlischen Hochzeitsmahls. Dieses Sakrament erinnert uns unaufhörlich daran, dass Jesus in der Tat „die Seinen, die in der Welt waren, liebte, und ihnen seine Liebe bis zur Vollendung erwies" (Joh 13,1).

Beim letzten Abendmahl setzte er das Priestertum ein, um so die Erinnerung an sein stellvertretendes Leiden und seinen Tod aus Liebe zu uns wachzuhalten. In der „Frucht der Erde und der menschlichen Arbeit" wird die gesamte Schöpfung Teil des eucharistischen Opfers. Diejenigen, die den Leib und das Blut Christi würdig empfangen, werden eins mit ihm und untereinander. Er ist das Osterlamm, das sich selbst „für das Leben der Welt" hingibt (Joh 6,50). Wir verehren ihn in den konsekrierten Hostien, die in den Tabernakeln unserer Kirchen aufbewahrt werden.

Gebetsimpuls: Heiliger Geist, in jeder Feier der Eucharistie verwandelst Du Brot und Wein in den Leib und das Blut Jesu und erinnerst uns daran, wie Du in wundersamer Weise Marias Schoß überschattet hast, sodass unser Erlöser von ihr geboren werden konnte. Hilf auch uns, unsere täglichen Freuden und Belastungen in würdige Geschenke zum Lob und Preis unseres himmlischen Vaters umzuwandeln. Amen.

Die schmerzhaften Geheimnisse

1. *Jesus, der für uns Blut geschwitzt hat (Mk 14,32-45)*

Betrachtungsimpuls: Nach dem letzten Abendmahl mit seinen Jüngern verlässt Jesus Jerusalem, durch-

quert das Kidron-Tal bis zum Garten Gethsemane am Fuß des Ölberges. Wie damals am Tag seiner Verklärung auf dem Berg Tabor, nimmt er jetzt Petrus, Jakobus und Johannes ein Stück Weges weiter mit als Begleiter, denn sein ganzes Inneres ist angesichts des ihm Bevorstehenden aufgewühlt. Er sagt zu ihnen: „Ich bin zu Tode betrübt. Wartet hier und bleibt wach." Doch Kummer und Schlaf überwältigen die drei, und Jesus muss seine fürchterliche Todesangst allein durchstehen. Im Gebet wendet er sich wie ein Kind an seinen Vater: „Abba! Papa! Bewahre mich vor diesem Leidenskelch!" Er fügt aber sofort hinzu, wie er es uns im „Vaterunser" gelehrt hat: „Dein Wille geschehe, nicht meiner." Kurz darauf erscheint sein Verräter und liefert ihn aus an die vom Hohen Rat zu seiner Gefangennahme gesandte bewaffnete Schar.

Gebetsimpuls: Herr Jesus, sieh gnädig auf alle, die unter Angstzuständen oder Depressionen leiden und auf alle deren Seele in Dunkelheit getaucht ist. In Deiner Todesangst hast Du ihre Einsamkeit auf Dich selber genommen und ihre Erlösung bewirkt. Wenn immer wir in unserem Leben Gethsemanestunden erleben, hilf uns, mit Dir zu beten: „Abba, lieber Vater!" Amen.

2. *Jesus, der für uns gegeißelt worden ist (Joh 18,38-19,1)*

Betrachtungsimpuls: Während der Gerichtsverhandlung gegen Jesus wird Pilatus schnell klar, dass der vor ihm Angeklagte unschuldig ist. Als stolzer Römer, der in seinem tiefsten Inneren das von ihm regierte

Volk verachtet, liegt ihm nicht viel daran, Jesus vor dem Tod zu retten. Trotzdem spekuliert er darauf, die brutale Geißelung Jesu durch seine Soldaten könnte den aufgebrachten Pöbel, der das Todesurteil für den Unschuldigen fordert, doch noch umstimmen. Andererseits darf er als gewiefter Politiker auch nicht die Gunst der Volksmenge verlieren. Als Jesus zu ihm sagt, er sei in die Welt gekommen, um für die Wahrheit Zeugnis abzulegen, stellt Pilatus darauf die verwirrte Frage „Was ist Wahrheit?" und unternimmt einen letzten Versuch, den Pöbel zufriedenzustellen, scheitert damit aber kläglich. Anstelle von Jesus muss er Barabbas freilassen, einen Mörder und Revolutionär.

Gebetsimpuls: Heiliger Geist, wahres Licht und absolute Wahrheit, gib allen Mut, die gerecht handeln wollen. Stehe allen bei, die in der Regierung und im Gerichtswesen, in den Medien und im öffentlichen Leben eine Führungsposition einnehmen. Gib ihnen die Gnade, die Würde ihrer Brüder und Schwestern zu schützen, besonders derer, die arm und verletzlich sind. Mögen sie allen Menschen der Wahrheit verpflichtet und mit Verantwortungsbewusstsein dienen. Amen.

3. *Jesus, der für uns mit Dornen gekrönt worden ist (Mt 27,27-31)*

Betrachtungsimpuls: Nachdem sie seine brutale Geißelung beendet haben, beschließen die Soldaten, Jesus noch mehr zu demütigen, indem sie ihn zum Spott einer königlichen Zeremonie unterwerfen. Da ih-

nen sein Anspruch zu Ohren gekommen ist, König zu sein, winden sie eine Dornenkrone und setzen sie ihm auf den Kopf. Dann legen sie ihm einen purpurroten Mantel um, wie einem König. Sie setzen ihn auf einen „Thron“ beugen ihre Knie vor ihm und spotten: „Heil dir, König der Juden“; gleichzeitig versetzen sie ihm Backenstreiche. Entgegen der volkstümlichen Erwartung, war der Messias in der Verborgenheit eines Stalles auf die Welt gekommen. Dennoch bekam König Herodes Angst, als ihn die Weisen aus dem Orient fragten: „Wo ist der neugeborene König der Juden?“ (Mt 2,2). Später, als nationalistische Kräfte in Israel Jesu Macht staunenerregende Wunder zu wirken für die Erreichung ihrer Ziele zu missbrauchen suchten, wollten ihn die Leute zum König machen (Joh 6,15). Jetzt verspottet ihn die Soldateska der römischen Besatzer als König der Juden!

Gebetsimpuls: Herr Jesus Christus, auch in unseren Tagen müssen in verschiedenen Teilen der Welt viele unschuldige Menschen furchtbares Leid ertragen. Strecke Deine mächtige Hand aus, um sie zu beschützen und ihre Wunden zu heilen. Lass uns begreifen, dass wir Deine Hände sind, dazu berufen, denen Linderung zu bringen, die unter Hunger und Krankheit leiden, und uns für Gerechtigkeit und Frieden einzusetzen. Amen.

4. Jesus, der für uns das schwere Kreuz getragen hat (Mk 15,20-22)

Betrachtungsimpuls: In unseren Kirchen hängen Kreuzwegstationen, die wir oft betrachtet haben, wenn der Kreuzweg gebetet wurde. Diese lassen wir jetzt vor unserem inneren Auge vorüberziehen, während wir

dieses Gesätz des Rosenkranzes beten und über das Geheimnis unserer Erlösung nachdenken.

Gebetsimpuls: Heiliger Johannes, beim letzten Abendmahl durftest du dein Haupt an die Brust unseres Herrn lehnen. Du fühltest den Pulsschlag seines heiligsten Herzens, das bereit war, sich als Opfer für unsere Sünden hinzugeben und von einer Lanze durchbohrt zu werden. Bitte den Herrn für die Kranken und die Inhaftierten, für die Arbeitslosen, die Einsamen, die Alten und für alle, die unter Leid gebeugt einhergehen, dass sie die Kraft bekommen, durchzuhalten, und nicht die Hoffnung verlieren. Treibe uns an, ihnen zu Hilfe zu kommen, wie es Veronika und Simon von Cyrene für Jesus getan haben, als er das schwere Kreuz auf Golgota hinauftrug. Amen.

5. *Jesus, der für uns gekreuzigt worden ist*
(Lk 23,32-47; Joh 19,18-34)

Betrachtungsimpuls: Dieses war die heiligste Stunde der Menschheitsgeschichte. Von einem Baum aus verleitete Satan Adam und Eva zur Sünde. Am Holz des Kreuzes macht der neue Adam die bösartigen Ma-

chenschaften Satans endgültig zunichte und besiegt die Macht des Todes. Aus seinem Herzen fließen Blut und Wasser, Symbole der erlösenden Kraft der Sakramente der Taufe und der Eucharistie. Obwohl er unaussprechlich qualvolle Schmerzen erleidet, betet er für seine gnadenlosen Feinde, verheißt dem reuigen Verbrecher, der mit ihm gekreuzigt wurde, baldige Erlösung und sorgt liebevoll für seine Mutter. In der Person des Apostels Johannes wurde sie von Jesus uns allen als Mutter der Kirche geschenkt.

Gebetsimpuls: Maria, unsere unter dem Kreuz stehende Mutter, hilf uns, deinen Glauben nachzuahmen, damit wir uns gläubig an das halten, was uns dein Sohn im Vaterunser gelehrt hat: „Vergib uns unsere Schuld wie auch wir vergeben unseren Schuldigern." Mögen wir in unseren Familien, an unserem Arbeitsplatz, in unserer Pfarrei, oder wo immer in der Kirche und in der Welt es nötig ist, ein Werkzeug der Versöhnung werden. Amen.

Die glorreichen Geheimnisse

1. *Jesus, der von den Toten auferstanden ist (Joh 20,11-18)*

Betrachtungsimpuls: In manchen Kirchen enden die Kreuzwegstationen nicht mit der 14. Station, an der

wir die Grablegung Jesu betrachten, nachdem er vom Kreuz abgenommen wurde. Sie haben eine 15. Station, die den von den Toten auferstandenen Herrn darstellt. Dieses Geheimnis betrachten wir, während wir dieses Rosenkranzgesätz beten. Im Geiste können wir Maria Magdalena am Auferstehungsmorgen begleiten. Früh am Sonntag eilt sie zu dem Höhlengrab, in das der Leichnam nach seinem Tod am Freitag in großer Hast eingeschlossen worden war. Sie ist von tiefem Kummer über seinen grausamen Tod erfüllt, den sie an der Seite seiner Mutter nahe dem Kreuz stehend miterlebt hat. Jesus hatte sie von sieben Dämonen befreit (Mk 16,9), woraufhin sie ihm – erfüllt von tiefer Dankbarkeit für das, was er für sie getan hatte – fortwährend zusammen mit einer Gruppe von Frauen folgte, die sich um Jesus und seine Jünger annahmen. Sie ist die Erste, die dem auferstandenen Jesus begegnet, aber erst als er sie bei ihrem Namen ruft, erkennt sie ihn. Er sendet sie zu seinen Jüngern, die er jetzt als seine Brüder bezeichnet, um ihnen die wunderbare Nachricht von seinem Sieg über den Tod zu bringen.

Gebetsimpuls: Heilige Maria Magdalena, bitte den Herrn, er möge uns mit Hoffnung und Freude erfüllen. Bitte zusammen mit der allerseligsten Jungfrau Maria für alle Frauen in der heutigen Welt, dass sie die Gnade erhalten, Botinnen des auferstandenen Christus zu werden und Quellen des Lebens in ihren Familien, sowie in der ganzen Welt, in der Kirche und in allen Kulturen auf der ganzen Erde. Amen.

2. *Jesus, der in den Himmel aufgefahren ist (Apg 1,3-11)*

Betrachtungsimpuls: Unser Ursprung liegt in der Liebe Gottes, und das Leben auf der Erde ist unsere Heimreise zu unserem Schöpfer. In diesem Rosenkranzgesätz betrachten wir die Tatsache, dass Christus, der

„Menschensohn“, bereits das Ziel unserer Heimreise erreicht hat. Der „Erstgeborene von den Toten“ lebt in innigster Vereinigung mit seinem Vater, der durch das Leiden und Sterben seines Sohnes für uns auch unser Vater geworden ist. Als Haupt der neuen Schöpfung hat er uns zugesichert, dass es im Haus seines Vaters viele Wohnungen gibt, die auf uns warten (Joh 14,2). Als guter Hirte und unser älterer Bruder begleitet er uns auf unserer irdischen Pilgerreise und hält bei seinem Vater Fürsprache für uns. Er zeigt dem Vater die fünf Wunden an seinen Händen, seinen Füßen und an seiner Seite als den Preis unserer Erlösung. Gestärkt durch die Kraft seiner Gnade ist es unsere Aufgabe, die Erde auf sein Wiederkommen in Herrlichkeit vorzubereiten.

Gebetsimpuls: Ewiger Vater, Jesus hat unser Fleisch angenommen, als er von der allerseligsten Jungfrau Maria geboren wurde. Er hat unsere Wunden in die leuchtenden Wunden seines verklärten Leibes hineingezogen. Indem Du auf diese Zeichen seines Sieges über Sünde und Tod schaust, erbarme Dich der Seelen im Fegefeuer. Höre in unserer Todesstunde das Gebet der allerseligsten Jungfrau Maria für uns und nimm uns in die ewige Wohnung bei Dir auf. Amen.

3. *Jesus, der uns den Heiligen Geist gesandt hat (Apg 1,13; 2,1-4)*

Betrachtungsimpuls: Vor seiner Auffahrt in den Himmel befahl Jesus den Aposteln, in Jerusalem die Erfüllung seines Versprechens zu erwarten, dass er ihnen einen „anderen Beistand“ senden würde, der für immer

bei ihnen bleiben werde (Apg 1,4). Sie verblieben im „Obergemach“, in dem sie das letzte Abendmahl mit ihm gefeiert hatten und verharrten dort im Gebet. Wir betrachten beim Beten dieses Gesätzes, wie der Heilige Geist am Pfingsttag mit Feuerkraft auf die im Obergemach Versammelten herabkommt. Wir nehmen das Erstaunen in den Gesichtern der Menschen aus den verschiedensten Ländern wahr, als sie die Apostel in ihren Landessprachen von den machtvollen Taten Gottes sprechen hören. Petrus steht auf und hält eine machtvolle Rede, die sie mitten ins Herz trifft. Das hat zur Folge, dass sich dreitausend Menschen bekehren und getauft werden. Sie sind der Kern der christlichen Gemeinde in Jerusalem. Jakobus wird ihr Leiter, während die anderen Apostel die Stadt nach und nach verlassen, um den Auftrag Jesu zu erfüllen: „Geht zu allen Völkern und macht alle Menschen zu meinen Jüngern: tauft sie auf den Namen des Vaters und des Sohnes und des Heiligen Geistes, und lehrt sie, alles zu befolgen, was ich euch geboten habe“ (Mt 28,19-20).

Gebetsimpuls: Heiliger Geist, unsere Bischöfe sind die Nachfolger der zwölf Apostel. Du bevollmächtigst sie durch Auflegen ihrer Hände, unsere Diakone und Priester zu weihen. Wir ehren Maria als „Königin der Apostel.“ Höre ihr Gebet für uns und sende uns eine große Zahl heiliger Diener des Wortes und der Sakramente. Uns allen schenke die Gnade, im Feuer Deiner Liebe zu leben. Amen.

4. *Jesus, der dich, o Jungfrau, in den Himmel aufgenommen hat*

Betrachtungsimpuls: „Schließlich wurde die unbefleckte Jungfrau, von jedem Makel der Erbsünde unversehrt bewahrt, nach Vollendung des irdischen Lebenslaufs mit Leib und Seele in die himmlische Herrlichkeit

aufgenommen und als Königin des Alls vom Herrn erhöht, um vollkommener ihrem Sohn gleichgestaltet zu sein, dem Herrn der Herren und dem Sieger über Sünde und Tod" (Lumen Gentium 59).

Als wir das Sakrament der Taufe empfingen, wurde jeder von uns ein „Tempel des Heiligen Geistes" (1Kor 3,17; Eph 2,21), berufen, eine Wohnung der Heiligsten Dreifaltigkeit zu werden (Joh 14,23). Während ihres irdischen Lebens arbeitete Maria auf vollkommene Weise mit der göttlichen Gnade zusammen und wurde zum schönsten Heiligtum der Heiligsten Dreifaltigkeit, das es je in einem Menschen gegeben hat. Als Magd des Herrn legte sie ihr Leben ganz und gar in Gottes Hand, so dass er es gebrauchen konnte, um seinen Erlösungsplan für die ganze Welt zu verwirklichen. Deshalb wurde sie mit Leib und Seele in den Himmel aufgenommen, um dort an der Seite ihres Sohnes zu sein. Dieses Rosenkranzgeheimnis lädt uns ein, die frohmachende Wahrheit zu betrachten, dass es im Himmel ein wahrhaft menschliches und mütterliches Herz gibt, das für uns schlägt.

Gebetsimpuls: Herr Jesus Christus, Du hast von Maria einen menschlichen Leib erhalten. Lehre uns, unseren Leib mit Respekt, Dankbarkeit und Disziplin zu behandeln. Schenke jedem von uns Marias Reinheit, sodass unser Körper ein Spiegel der unsterblichen Würde unserer Seele sei. Amen.

5. Jesus, der dich, o Jungfrau, im Himmel gekrönt hat

Betrachtungsimpuls: „Dann erschien ein großes Zeichen am Himmel: eine Frau, mit der Sonne bekleidet; der Mond war unter ihren Füßen und ein Kranz von zwölf Sternen auf ihrem Haupt. Sie war schwanger und schrie vor Schmerz in ihren Geburtswehen. Ein an-

deres Zeichen erschien am Himmel: ein Drache, groß und feuerrot, mit sieben Köpfen und zehn Hörnern und mit sieben Diademen auf seinen Köpfen. Sein Schwanz fegte ein Drittel der Sterne vom Himmel und warf sie auf die Erde herab. Der Drache stand vor der Frau, die gebären sollte; er wollte ihr Kind verschlingen, sobald es geboren war. Und sie gebar ein Kind, einen Sohn, der über alle Völker mit eisernem Zepter herrschen wird. Und ihr Kind wurde zu Gott und zu seinem Thron entrückt. ... Dann hörte ich eine laute Stimme im Himmel rufen: Jetzt ist er da, der rettende Sieg, die Macht und die Herrschaft unseres Gottes und die Vollmacht seines Gesalbten" (Offb 12,1-5.10).

Die Heiligste Dreifaltigkeit krönt Maria als Königin der gesamten Schöpfung. Dies ist nicht nur ein Ehrentitel für sie ohne Folgen für uns. Durch ihre Fürsprache für uns nimmt sie teil an der Macht Christi, des Herrn der Menschheitsgeschichte. Sie hilft der Kirche im Kampf gegen Satan, dem „Vater der Lüge" (Joh 8,44), gegen Hass, Uneinigkeit, Ungerechtigkeit und Hoffnungslosigkeit. Bekleidet mit der Majestät ihres auferstandenen Sohnes, ist sie das Siegeszeichen in unserer Zeit, was sie beim „Sonnenwunder" in Fatima im Jahr 1917 unter Beweis stellte. Ihr Sohn regiert die Geschichte der Menschheit mit einem geheimnisvollen, eisernen Zepter.

Gebetsimpuls: Heilige Maria, die Heilige Schrift sagt uns: „Da geriet der Drache in Zorn über die Frau und er ging fort, um Krieg zu führen mit ihren übrigen

Nachkommen, die den Geboten Gottes gehorchen und an dem Zeugnis für Jesus festhalten“ (Offb 12,17). Unsere Mutter, du Neue Eva, komm all denen zu Hilfe, die heutzutage wegen ihres Glaubens an deinen Sohn verfolgt werden. Amen.

6 | Häufig als Abschluss des Rosenkranzgebetes benutzte Gebete

Lauretanische Litanei

In manchen Ländern beenden Katholiken das Rosenkranzgebet regelmäßig mit dieser altehrwürdigen Litanei, in der die Mutter Jesu hochgepriesen wird. Viele von ihnen haben die Anrufungen Marias auswendig gelernt. Sie wollen uns den unermesslichen Reichtum ihres „voll der Gnade"-Seins vor Augen führen. Es wäre schön, wenn die Mitglieder einer Lebendigen Rosenkranzgruppe diese Litanei während ihrer gelegentlichen Treffen beten würden, nachdem sie ein Gesätz des Rosenkranzes gemeinsam gebetet haben. Gleichermaßen könnte die Litanei ihr eigenes tägliches Rosenkranzgebet daheim abrunden, vor allem wenn sich ihnen dazu Familienangehörige angeschlossen haben.

V/A Herr, erbarme dich.
V/A Christus, erbarme dich.
V/A Herr, erbarme dich.
V Christus, höre uns. **A** *Christus erhöre uns.*

V Gott Vater im Himmel, **A** *erbarme dich unser.*
Gott Sohn, Erlöser der Welt,
Gott Heiliger Geist,
Heilige Dreifaltigkeit, ein einiger Gott
Heilige Maria, **A** *bitte für uns.*
Heilige Mutter Gottes
Heilige Jungfrau der Jungfrauen
Mutter Christi
Mutter der Kirche
Mutter der göttlichen Gnade
Du reine Mutter
Du keusche Mutter
Du unversehrte Mutter
Du unbefleckte Mutter
Du liebenswürdige Mutter
Du wunderbare Mutter
Du Mutter des guten Rates
Du Mutter des Schöpfers
Du Mutter des Erlösers
Du Mutter der Barmherzigkeit
Du weise Jungfrau
Du ehrwürdige Jungfrau
Du mächtige Jungfrau
Du gütige Jungfrau
Du getreue Jungfrau

Du Spiegel der göttlichen Heiligkeit
Du Sitz der Weisheit
Du Ursache unserer Freude

Du Tempel des Heiligen Geistes
Du Tabernakel der ewigen Herrlichkeit
Du Wohnung, ganz Gott geweiht
Du geheimnisvolle Rose
Du Turm Davids
Du elfenbeinerner Turm
Du goldenes Haus
Du Arche des Bundes
Du Pforte des Himmels
Du Morgenstern
Du Heil der Kranken
Du Zuflucht der Sünder
Du Trösterin der Betrübten
Du Hilfe der Christen

Du Königin der Engel
Du Königin der Patriarchen
Du Königin der Propheten
Du Königin der Apostel
Du Königin der Märtyrer
Du Königin der Bekenner
Du Königin der Jungfrauen
Du Königin aller Heiligen
Du Königin, ohne Makel der Erbsünde empfangen
Du Königin, in den Himmel aufgenommen
Du Königin des heiligen Rosenkranzes
Du Königin der Familien
Du Königin des Friedens

V Lamm Gottes, du nimmst hinweg die
Sünde der Welt, **A** *verschone uns, o Herr.*

V Lamm Gottes, du nimmst hinweg die
Sünde der Welt, **A** *erhöre uns, o Herr.*

V Lamm Gottes, du nimmst hinweg die
Sünde der Welt, **A** *erbarme dich unser, o Herr.*

V Bitte für uns, o heilige Gottesmutter,
A *auf dass wir würdig werden der Verheißungen Christi.*

Lasst uns beten:

Gütiger Gott, Du hast allen Menschen Maria zur Mutter gegeben; höre auf ihre Fürsprache;
nimm von uns die Traurigkeit dieser Zeit, dereinst aber gib uns die ewige Freude,
durch Christus, unsern Herrn. Amen.

oder:
O Gott, dessen eingeborener Sohn uns durch sein Leben, seinen Tod und seine Auferstehung den Lohn des ewigen Lebens erkauft hat, gib, wir flehen Dich an, dass wir, die wir diese Geheimnisse des heiligen Rosenkranzes der seligsten Jungfrau Maria betrachten, nachahmen, was sie enthalten, und erlangen, was sie verheißen, durch Christus, unseren Herrn. Amen.

Salve Regina

Dieses altehrwürdige, an die seligste Jungfrau Maria gerichtete Gebet wird fast überall auf der Welt von Katholiken gebetet, um ihr Rosenkranzgebet abzurunden. Es wird empfohlen, dass es sich alle Mitglieder einer Lebendigen Rosenkranzgruppe zur Gewohnheit machen, dieses Gebet am Ende ihres täglichen Gesätzes zu beten.

Sei gegrüßt, o Königin, Mutter der Barmherzigkeit,
unser Leben, unsre Wonne und unsere Hoffnung, sei gegrüßt!
Zu dir rufen wir, verbannte Kinder Evas;
zu dir seufzen wir trauernd und weinend in
diesem Tal der Tränen.
Wohlan denn, unsre Fürsprecherin,
wende deine barmherzigen Augen uns zu,
und nach diesem Elend zeige uns Jesus,
die gebenedeite Frucht deines Leibes.
O gütige, o milde, o süße Jungfrau Maria. Amen.

Hinführung zur Litanei zu Ehren des Heiligsten Herzens Jesu

Die vielen Anrufungen dieser Litanei erwärmen unser Herz und lenken es zum Herzen dessen, über den der hl. Johannes in seinem Evangelium schreibt: „Das Wort ist Fleisch geworden und hat unter uns gewohnt" (1,14). Seit seiner Menschwerdung liebt Jesus uns alle mit einem menschlichen Herzen und diese Litanei hält uns dieses Herz als Vorbild vor Augen, damit wir danach streben, es nachzuahmen. Es wurde im Schoß der allerseligsten Jungfrau Maria gebildet und schlug neun Monate lang im Gleichklang mit dem Herzen seiner Mutter. Aus diesem Grund haben heilige Männer und Frauen die Kirche angeregt, die Verehrung des heiligsten Herzens Jesu in untrennbarer Einheit mit der Verehrung des Unbefleckten Herzens Mariens zu sehen. Bald nachdem sie dem Engel Gabriel ihre demütige Antwort „Ich bin die Magd des Herrn" gegeben hatte, welche dem Erlöser der Menschheit die Tür zur Annahme eines konkreten menschlichen Lebens öffnete, weissagte ihr Simeon im Tempel, inspiriert vom Heiligen Geist: „Dieser ist dazu bestimmt, ... ein Zeichen zu sein, dem widersprochen wird. ... Dir selbst aber wird ein Schwert durch die Seele dringen" (Lk 2,34-35).

Der Glaube Marias wurde einer extrem harten Prüfung unterzogen, als ihr Sohn seinen Weg in vollkommenem Gehorsam gegenüber dem Willen seines Vaters ging. Zunächst von den Menschen umjubelt, weil sie in ihm die Erfüllung der Hoffnung Israels auf das Erscheinen des Messias sahen, geriet er mehr und mehr in Konflikt mit der jüdischen Obrigkeit in Jerusalem, die ihn letztendlich dem heidnischen Statthalter Pontius Pilatus auslieferte, der ihn zum Kreuzestod verurteilte. Während sie zusammen mit dem Jünger, den Jesus liebte, beim Kreuz stand, musste seine Mutter mitansehen, wie ein Soldat mit einer Lanze das Herz ihres Sohnes durchbohrte. Dabei blutete ihr eigenes Mutterherz. Kurz zuvor wurde sie Johannes – und damit stellvertretend der ganzen Kirche – zur Mutter gegeben (Joh 19, 26). Mit Leib und Seele in den Himmel aufgenommen, erfüllt sie ihre mütterliche Aufgabe gegenüber allen Mitgliedern der Kirche und setzt sich für sie bei ihrem Sohn ein, wenn diese sie in ihren Nöten um Hilfe anflehen. Deshalb schreibt der heilige Papst Johannes Paul II. in seiner Enzyklika „Redemptoris Mater" (1987, Nr. 40): „So dauert die Mutterschaft Mariens in der Kirche unaufhörlich fort durch ihre vermittelnde Fürbitte, und die Kirche bekundet ihren Glauben an diese Wahrheit, indem sie Maria unter den Titeln Fürsprecherin, Helferin, und Mittlerin anruft".

Herz Jesu Litanei

V/A Herr, erbarme Dich unser.
V/A Christus, erbarme Dich unser.
V/A Herr, erbarme Dich unser.
V Christus höre uns. **A** *Christus erhöre uns.*

V Gott Vater im Himmel, **A** *erbarme Dich unser.*
Gott Sohn, Erlöser der Welt
Gott Heiliger Geist
Heiliger dreifaltiger Gott

Du Herz des Sohnes Gottes, **A** *erbarme Dich unser.*
Herz Jesu, im Schoß der Jungfrau Maria vom Heiligen Geiste gebildet
Herz Jesu, mit dem Worte Gottes wesenhaft vereinigt
Herz Jesu, unendlich erhaben
Herz Jesu, Du heiliger Tempel Gottes
Herz Jesu, Du Zelt des Allerhöchsten
Herz Jesu, Du Haus Gottes und Pforte des Himmels
Herz Jesu, Du Feuerherd der Liebe
Herz Jesu, Du Wohnstatt der Gerechtigkeit und Liebe

Du Herz voll Güte und Liebe
Herz Jesu, Du Abgrund aller Tugenden
Herz Jesu, würdig allen Lobes
Herz Jesu, Du König und Mitte aller Herzen
Herz Jesu, in dem alle Schätze der Weisheit und Erkenntnis sind
Herz Jesu, in dem die ganze Fülle der Gottheit wohnt
Herz Jesu, das dem Vater wohlgefällt
Herz Jesu, aus dessen Gnade wir alle empfangen
Herz Jesu, Du Sehnsucht der Schöpfung von Anbeginn

Du Herz, geduldig und voll Erbarmen
Herz Jesu, reich für alle, die Dich anrufen
Herz Jesu, Du Quell des Lebens und der Heiligkeit
Herz Jesu, Du Sühne für unsere Sünden
Herz Jesu, mit Schmach gesättigt
Herz Jesu, wegen unserer Missetaten zerschlagen
Herz Jesu, bis zum Tode gehorsam

Du Herz, durchbohrt von der Lanze
Herz Jesu, Du Quell allen Trostes
Herz Jesu, unsere Auferstehung und unser Leben
Herz Jesu, unser Friede und unsere Versöhnung
Herz Jesu, Du Opferlamm für die Sünder
Herz Jesu, Du Rettung aller, die auf Dich hoffen
Herz Jesu, Du Hoffnung aller, die in Dir sterben
Herz Jesu, Du Freude aller Heiligen

V Lamm Gottes, Du nimmst hinweg
die Sünden der Welt, **A** *verschone uns, o Herr.*
V Lamm Gottes, Du nimmst hinweg
die Sünden der Welt, **A** *erhöre uns, o Herr.*
V Lamm Gottes, Du nimmst hinweg
die Sünden der Welt, **A** *erbarme Dich unser.*
V Jesus, sanft und demütig von Herzen,
A *bilde unser Herz nach Deinem Herzen.*

Lasst uns beten:

Allmächtiger, ewiger Gott, schau auf das Herz Deines geliebten Sohnes und auf das Lob und die Sühne, die es Dir für die Sünder darbringt. In Deiner großen Güte verzeihe allen, die Deine Barmherzigkeit anflehen, im Namen deines Sohnes Jesus Christus, der mit Dir lebt und herrscht von Ewigkeit zu Ewigkeit. Amen.

7 | Nachwort

Mein herzlicher Dank gilt Kardinal Francis Arinze, dem früheren Erzbischof von Onitsha in Nigeria, sowie Dr. Rudolf Voderholzer, dem Bischof von Regensburg, für ihre freundliche Einführung zum Gebrauch dieses Büchleins. Frau Doris Legat schulde ich Dank für ihre Hilfe passendes Bildmaterial zu finden. Zusammen mit Frau Andrea Borneis übersetzte sie das Büchlein „The Living Rosary" vom Englischen ins Deutsche, wofür ich beiden meinen aufrichtigen Dank ausspreche.

Den kurzen Meditations- und Gebetsimpulsen in Abschnitt 5 liegt der Text „Der Rosenkranz: Freude – Licht – Schmerz – Glorie" von Joaquin Alliende-Luco zugrunde, veröffentlicht mit Zustimmung von „Kirche in Not", Postfach 1209, 61452 Königstein, Deutschland.

Die in der deutschen Ausgabe dieses Büchleins verwendeten biblischen Texte sind der Einheitsübersetzung, Verlag Herder, 1980, entnommen.

Alle Leser(innen) sind freundlich eingeladen, mir ihre Erfahrungen im Umgang mit diesem Büchlein mitzuteilen. Hinweise, wie seine Benutzerfreundlichkeit verbessert werden könnte, sind unter Verwendung folgender E-Mail-Adresse willkommen: hubertbucher4@gmail.com.

Ich weiß von der Existenz der kirchlich approbierten Gebetsgemeinschaft „Lebendiger Rosenkranz", die in den deutschsprachigen Ländern von Frau Doris Legat geleitet wird und schätze diese sehr hoch.

Wer sich für diese Gebetsgemeinschaft interessiert, kann sich an folgende Adresse wenden:

Unterer Porst 43a,
A-6850 Dornbirn, Österreich;
Tel. 0043 5572 394537;
E-Mail: doris.legat@gmx.de.
Geistliche Direktoren:
für die Diözese Regensburg:
Domvikar Msgr. Georg Schwager;
für die Diözese Passau:
Dompropst i. R. Hans Striedl

Die in diesem Büchlein dargelegte Weise Lebendige Rosenkranzgruppen zu formen darf daher keineswegs als Konkurrenz zu dieser aufgefasst werden. Mir ging es einzig darum, eine unkomplizierte Methode für die Formung und Erhaltung Lebendiger Rosenkranzgruppen zu finden, die dazu geeignet ist, den im Untertitel dieses Büchleins geforderten Gebets-Sturm anzufachen, wie ihn unsere aus allen Fugen geratene Welt dringend braucht. Als Inspiration dazu schwebte mir das in weiten Teilen des afrikanischen Kontinents anzutreffende Kikuyu-Gras vor, das sich auch auf dürftigsten Böden rasch ausbreitet und unverwüstlich ist.

Die auf den Seiten 65 und 66 angesprochenen Grafiken, liegen diesem Buch als Kopiervorlage bei und können im Buchhandel oder direkt beim Sankt Grignion Verlag (Bestell-Nr.: 145) nachbestellt werden.

Kopiervorlage - Der Lebendige Rosenkranz
8-seitiger Leporello
ISBN 978-3-932085-00-0
D 0,70 EUR | A 0,80 EUR | CHF 1,00

Sankt Grignion Verlag
Neuöttinger Str. 69
84503 Altötting
Tel.: +49 (0)8671/9885-10
Fax: +49 (0)8671/9885-19
E-Mail: info@grignion-verlag.de
Web: www.grignion-verlag.de

Notizen

Notizen

Notizen